覆盆子的完整食譜

探索覆盆子風味美食的甜味和酸味
100 個明亮、清爽、令人垂涎的食譜。

虎 黃

目錄

介紹

歡迎來到《覆盆子食譜》，我們將探索多種方法，讓您在餐點上享受覆盆子的甜味和酸味。無論您是覆盆子的長期愛好者還是這種美味水果的新手，這本食譜一定能滿足您的渴望並激發您的味蕾。

覆盆子是一種用途廣泛、營養豐富的水果，富含抗氧化劑、纖維和必需維生素。它們可用於從早餐到甜點的各種菜餚中，為您的菜餚增添濃鬱的風味和鮮豔的色彩。在這本食譜中，我們將探索在甜味和鹹味菜餚中使用覆盆子的多種方法，從沙拉和醬汁到蛋糕和雞尾酒。

您會發現簡單易懂的食譜適合任何場合，從工作日的快餐到優雅的晚餐。無論您是在尋找清爽的夏季飲料、舒適的冬季燉菜，還是令人驚嘆的甜點，這本食譜都能滿足您的需求。

我們的食譜經過精心製作，以突出覆盆子的獨特風味和質地，同時使用新鮮和冷凍漿果，以充分利用這種美味的水果。您將學習如何從頭開始製作美味的覆盆子菜餚，從經典的覆盆子果醬到創新的覆盆子莎莎醬。

除了食譜之外，這本食譜還包括如何選擇、儲存和準備覆盆子的技巧，以及有關這種深受喜愛的水果的有趣事實和瑣事。無論您是經驗豐富的廚師還是廚房新手，《覆盆子食譜》都是烹飪美味覆盆子美食的終極指南。

那為什麼還要等呢？立即購買一本《覆盆子食譜》，開始探索這款美味水果的甜味和酸味！

甜、酸、水果、抗氧化劑、纖維、維生素、沙拉、醬汁、蛋糕、雞尾酒、食譜、清爽、夏季、舒適、冬季、燉菜、甜點、新鮮、冷凍、果醬、莎莎醬、提示、瑣事、美食。

1. 芒果米蘇

份量：6 份

原料：

- 500克馬斯卡彭起司
- 600ml 濃稠奶油
- ⅓杯糖粉
- 2個蛋黃
- 1 顆 香草豆，剖開，刮除種子
- ½ 杯金萬利
- 2個柳橙的汁
- 300克手指餅乾
- 3個芒果，果肉切成1公分厚的片
- 樹莓醬
- ¼ 杯細砂糖
- 250克新鮮覆盆子或冷凍覆盆子
- 1顆檸檬汁

指示：

a) 在 22 公分彈簧蛋糕盤的底部鋪上保鮮膜或烘焙紙。將馬斯卡彭起司、增稠奶油、糖粉、蛋黃和香草籽放入電動攪拌機的碗中，高速攪拌至濃稠並充分混合。

b) 將金萬利酒和柳橙汁混合在另一個碗中。將一半的海綿手指浸入果汁混合物中，然後鋪在蛋糕盤的底部。塗上三分之一的馬斯卡彭混合物，上面放上三分之一的芒果片。重複這個過程，然後在上面放上剩餘的馬斯卡彭混合物，保留剩餘的芒果片以供食用。蓋上蛋糕並冷藏 2 小時或直至變硬。

c) 同時，製作覆盆子醬，將糖和 2 湯匙水放入小鍋中，以中火加熱，攪拌以溶解糖。稍微冷卻，然後加入漿果和檸檬汁。在食品加工機中攪拌至光滑，然後過篩。冷卻至可食用。

d) 食用時，小心地取下蛋糕盤的側面和底部，然後將芒果米蘇轉移到盤子上。

e) 用保留的芒果捲裝飾，然後切片並與漿果醬一起食用。

2. 覆盆子波紋冰淇淋

製作約 1 ¼ 品脫

原料：
- 4 杯 新鮮覆盆子
- ¼ 杯 超細糖
- 1 茶匙。檸檬汁
- 冰淇淋食譜

指示：

a) 取出 ¼ 杯覆盆子並短暫壓碎。擱置。將剩餘的漿果、糖和檸檬汁混合在一起。壓過篩子。放置 4 湯匙果泥冷卻。

b) 準備基本的 Crema 冰淇淋配方。將覆盆子果泥拌入冷卻的奶凍中。像以前一樣攪拌或冷凍，直到幾乎變硬。

c) 將冰淇淋轉移到密封的冷凍容器中，交替加入一匙保留的水果泥和壓碎的覆盆子，這樣混合物在食用時會產生波紋。冷凍 15 分鐘或直到需要為止。

d) 這種冰淇淋可以冷凍約1個月。食用前至少 15 分鐘從冰箱中取出，使其軟化，因為整顆水果會使其難以食用。

3. 覆盆子冰淇淋

品牌： 1

原料：

- 2杯全脂牛奶
- 4個蛋黃
- 1 ¼ 杯糖
- 1杯濃奶油
- 1茶匙鹽
- 2 杯 覆盆子

指示：

a) 將覆盆子放入攪拌碗上方的篩子（最好是網狀）中。接下來，用湯匙背面壓下，透過過濾器去除果汁。這將留下果肉而不使用任何種子。擱置。

b) 在一個中等大小的平底鍋中，僅將蛋黃和糖攪拌混合，然後將糖過熱融化直至完全溶解。加入牛奶、鹽和奶油，攪拌至混合。

c) 以中火煮，不斷攪拌 8-10 分鐘至濃稠。

d) 從火上移開。

e) 加入覆盆子汁和果肉攪拌。透過細濾網倒入塑膠碗中。蓋上蓋子並冷藏過夜。

f) 按照製造商的說明將混合物放入冰淇淋機中。

g) 冷凍直至可以食用。

4. 混合莓果冰淇淋

品牌： 1

原料：
- 2杯全脂牛奶
- 4個蛋黃
- ½ 杯糖
- 1杯濃奶油
- 1茶匙鹽
- 1茶匙香草精
- ½ 杯藍莓
- ½ 杯覆盆子

指示：

a) 將覆盆子放入攪拌碗上方的篩子（最好是網狀）中。用湯匙背面將果肉推過篩子，去除果汁和果肉，不使用任何種子。擱置。

b) 2 在中型平底鍋中攪拌蛋黃和糖，加熱至糖溶解。加入牛奶、鹽和奶油，攪拌至混合。

c) 以中火煮，不斷攪拌 8-10 分鐘至濃稠。

d) 從火上移開。

e) 將香草、藍莓、覆盆子汁和果肉放入食物處理機中，攪拌至混合。將莓果和香草混合物攪拌到液體中。透過細濾網倒入塑膠碗中。蓋上蓋子並冷藏過夜。

f) 按照製造商的說明將混合物放入冰淇淋機中。

g) 冷凍直至可以食用。

5. 覆盆子大黄冰淇淋

品牌：1 誇脫

原料：

1磅大黃（約8莖）, 切成1吋的塊

4 ½ 磅容器 覆盆子

2 杯 全脂牛奶

¼ 杯 濃奶油

3大匙玉米糖漿

⅓ 杯脫脂奶粉

1¼ 杯 糖

½ 茶匙 無味明膠

指示：

a) 將大黃和 3 湯匙水放入中型平底鍋中。用中火煮, 經常攪拌, 直到非常軟並且大部分液體蒸發, 大約需要 45 分鐘。離火, 將大黃與 1.5 品脫覆盆子一起打成泥。過濾果泥並放在一旁冷卻。同時, 將牛奶、奶油和玉米糖漿放入小鍋中混合。加熱至幾乎沸騰。將奶粉、糖和明膠混合並攪拌。重新煮沸以溶解明膠, 然後將鍋子從火上移開。將混合物透過過濾器放入置於冰浴上的中等碗中冷卻。拌入果泥, 然後根據製造商的說明在冰淇淋機中冷凍。加入剩餘的覆盆子並在機器中混合直至混合, 大約需要 30 秒。存放在塑膠容器中。

6. 覆盆子玫瑰冰淇淋

品牌：1 誇脫

原料：

1 批西西里風味冰淇淋底料（首選）或經典冰淇淋底料（省略香草豆）
覆盆子玫瑰果泥
1 磅新鮮或冷凍覆盆子（約 4 杯/1 公升）
¼ 杯 砂糖
1 湯匙乾燥玫瑰花瓣，或以 1 至 2 茶匙（5 至 10 毫升）額外的玫瑰水替代
1 大匙 玫瑰水

指示：

製作您選擇的冰淇淋底料，然後將其過濾到密封容器中。冷卻至室溫，然後冷藏過夜。攪拌前，冰淇淋底必須非常冷：這樣才能產生最光滑、最絲滑的質地。

製作覆盆子玫瑰果泥：在一個中等大小的平底鍋中，將覆盆子、糖和玫瑰花瓣混合，然後用中高火加熱。煮沸，定期攪拌，然後降低熱量，煮 5 至 7 分鐘，或直至覆盆子變軟並分解。（如果使用冷凍覆盆子，請再煮 4 到 5 分鐘，以蒸發多餘的水分。）從火上移開，然後使用立式攪拌機、棒式攪拌機或食品加工機打成泥。加入玫瑰水攪拌，然後轉移到密封容器中並冷藏直至完全冷卻。

製作冰淇淋：過濾覆盆子泥並丟棄覆盆子種子。量出 2 杯（5
00 毫升）覆盆子玫瑰果泥用於製作冰淇淋。（保留剩餘的果
泥，如果有的話，用湯匙舀在攪拌好的冰淇淋上作為果醬，或
添加到冰沙中。）

將覆盆子玫瑰泥攪入冷冰淇淋基底。再次過濾以確保冰淇淋如
絲般光滑。

將覆盆子玫瑰冰淇淋蛋奶凍倒入冰淇淋機的碗中，然後按照製
造商的說明攪拌。

7. 巧克力炸彈

原料：

- ½ 配方苦巧克力冰淇淋
- ½ 杯鮮奶油
- 1個小蛋清
- ⅛杯超細糖
- 4盎司。新鮮覆盆子，搗碎並過濾
- 1份覆盆子醬配方

a) 在冰箱中冷卻 3 ½ 至 4 杯炸彈模具或金屬碗。準備冰淇淋。當它達到可塗抹的稠度時，將模具放入一碗冰中。在模具內部鋪上冰淇淋，確保它是一層厚而均勻的層。平滑頂部。立即將模具放入冰箱並冷凍直至真正變硬。

b) 同時，攪打奶油直至變硬。在另一個碗中，攪拌蛋白至形成軟峰，然後輕輕加入糖，直到有光澤且堅硬。將生奶油、蛋白和過濾的覆盆子混合在一起，然後冷卻。當巧克力冰真正變硬時，將覆盆子混合物舀到炸彈的中間。

c) 將頂部弄平，用蠟紙或箔紙覆蓋，然後冷凍至少 2 小時。

d) 食用前約 20 分鐘，將炸彈從冰箱中取出，將一根細簽穿過中間以釋放氣鎖，然後用刀在內部頂部邊緣劃一圈。倒置到冰冷的盤子上，並用熱布短暫擦拭鍋。擠壓或搖晃鍋子一兩次，看看炸彈是否會滑出；如果沒有，請用熱布再次擦拭。當它滑出來時，您可能需要用小調色刀整理頂部表面，然後立即返回冰箱至少 20 分鐘以再次變硬。

e) 服務，切成片，配覆盆子醬。這款炸彈可以在冰箱的平底鍋中保存 3 到 4 週。

8. 喜氣全鴨

品牌：4-6

原料：

1. 1整隻鴨
2. 3 湯匙 片狀海鹽
3. 3 小枝百里香，去除葉子
4. 4 顆新鮮覆盆子
5. 1茶匙油
6. 黑胡椒碎

醬

7. 1 杯 Luv-a-Duck 鴨湯
8. 1 杯 石榴汁
9. 2 湯匙 文科托
10. ¼杯新鮮覆盆子
11. 2 茶匙 玉米粉
12. 1 湯匙 水 裝飾
13. 1 個石榴，去籽
14. ½ 杯新鮮覆盆子

指示：

1. 將烤箱預熱至 190°C。
2. 用流水沖洗鴨子。瀝乾水分並拍乾內部和外部。將鴨子放在烤架上

3. 將片狀鹽、百里香葉、覆盆子、油和黑胡椒放入碗中，然後用木勺背面將所有成分充分混合。

4. 將鹽混合物均勻地塗抹在準備好的鴨子上。

5. 將烤架放入烤盤中，將鴨子放入預熱的烤箱中烤至金黃色，測試時汁液清澈。將鴨子從烤箱中取出，放置 10-15 分鐘。

醬

6. 將鴨湯、石榴汁、Vincotto 和新鮮覆盆子放入中型平底鍋中，以中火加熱 3-4 分鐘。加入玉米粉和水，加熱攪拌至液體沸騰並變稠。

服務

7. 將半顆石榴籽撒在一個大盤子的底部，將烤鴨放在中間，用剩餘的石榴籽和覆盆子裝飾。

8. 趁熱搭配傳統的烤蔬菜、覆盆子和石榴醬。

9. 酸橙馬斯卡彭奶油甜餡煎餅捲佐芒果醬

製作： 1 份

原料：

- 3/4 杯甜椰子片；烘烤並冷卻
- 2湯匙通用麵粉
- 5湯匙無鹽奶油；切塊並軟化
- ½ 杯 砂糖
- 2 大匙 包裝堅固的淡紅糖
- 1大匙牛奶
- 四種奶油甜餡煎餅捲形式
- 4盎司奶油乾酪；軟化了
- ⅓杯砂糖
- 2 茶匙 新鮮磨碎的萊姆皮碎
- 4 大匙 瓶裝萊姆汁
- 1杯馬斯卡彭起司； （約1/2磅）
- 芒果醬
- 新鮮覆盆子
- 楊桃片

指示：

製作"cannoli"貝殼：

a) 將烤箱預熱至 350F。並在厚烤盤上塗上少許油脂。

b) 將 4 個正方形羊皮紙放在烤盤上。（油或奶油使羊皮紙方塊黏在烤盤上）。在食物處理機中將椰子和麵粉混合在一起，直到椰子磨細。

c) 加入奶油、糖和牛奶，攪拌約 10 秒，直到麵團形成球狀。將一茶匙圓形麵團舀到 4 個羊皮紙方塊上，用微濕的指尖均勻地拍成 2 英寸的圓形。

d) 將餅乾放入烤箱中部烘烤，直到非常薄且呈金黃色，大約需要 10 分鐘。立即將餅乾（仍在羊皮紙上）轉移到架子上，靜置 30 至 45 秒，直到其足夠堅固以保持其形狀。

e) 一次使用 1 個餅乾，並使用羊皮紙作為輔助，快速將餅乾繞著奶油甜餡煎餅卷形狀捲起來，製成圓柱體。（如果餅乾變得太硬而無法捲起來，請將它們放在烤盤上的羊皮紙上，然後放回烤箱中1分鐘以軟化。）在取出奶油甜餡捲餅形狀之前，先冷卻成型的餅乾或架子。

f) 用剩餘的麵團以相同的方式製作更多餅乾，以 4 塊為一組進行烘烤和成型餅乾，並在每批之間讓烤盤完全冷卻。

g) 餅乾很脆弱。餅乾在密封容器中一層一層地在室溫下保存4天。

製作餡料：

h) 在一個裝有電動攪拌機的碗中，將奶油乾酪、糖、熱情和酸橙汁攪拌至光滑，然後加入馬斯卡彭起司攪拌。冷卻填充，蓋上蓋子，直至變硬，至少 4 小時，最多 1 天。

組裝甜點：

i) 攪拌餡料並將其轉移到裝有 1/4 英寸普通或裝飾尖端的糕點袋中。小心地將餡料填入 12 塊餅乾的兩端。

j) 將大約 ¼ 杯芒果醬倒在 6 個甜點盤上，傾斜盤子使醬汁均勻分佈，並在上面放上 2 英寸奶油甜餡煎餅卷、覆盆子和楊桃片。

10. 低脂奶油甜餡煎餅捲佐覆盆子醬

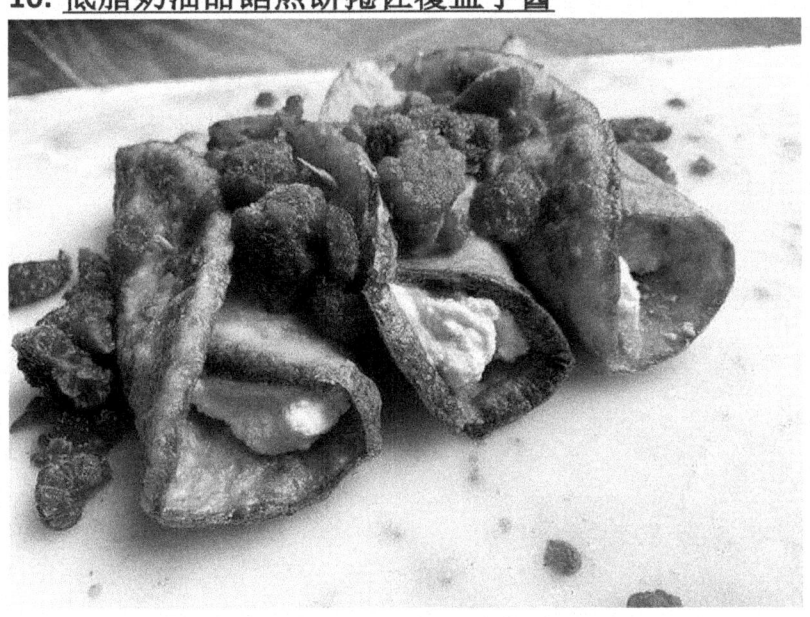

份量：6 份

原料：

- 2 個貨櫃；（15 盎司）脫脂乳清乾酪
- 12餛飩；（4 吋）包裝紙
- 黃油味烹飪噴霧
- 1茶匙玉米澱粉溶解在1茶匙水中；（貼用）
- 6大匙糖
- ½ 茶匙香草精
- ¼ 茶匙 杏仁萃取物
- 3 杯 新鮮覆盆子
- 2大匙糖粉；最多 4 個
- 2 茶匙 檸檬皮碎
- 1大匙切碎；輕烤開心果

指示：

a) 瀝乾乳清乾酪 6 至 8 小時

b) 將烤箱預熱至華氏 400 度。用烹飪噴霧輕輕噴灑 12 個奶油甜餡煎餅捲管。從角落開始，將餛飩包裹在管子上。用輕拍或玉米澱粉糊黏合。輕輕噴灑在奶油甜餡煎餅卷的外面。放在烤盤上，烘烤約 4 至 6 分鐘，直到金黃色酥脆。讓它稍微冷卻，然後將糕點從管子上滑下來。放在金屬架上冷卻。

c) 餡料：在一個大碗中，攪拌乳清乾酪、糖和萃取物。放在一邊或轉移到裝有 ½ 英吋的糕點袋中。星星提示。

d) 醬汁：將覆盆子放入食物處理機中打成泥狀。將果泥通過篩子濾入碗中。加入糖粉和檸檬皮碎攪拌。（在此階段之前，可以提前幾個小時準備食譜。）5. 使用糕點袋或茶匙，將 1/4 杯混合物放入每個外殼中。在末端撒上切碎的開心果。

e) 食用時，將覆盆子醬舀到甜點盤上。

f) 在每個盤子上放 2 個奶油甜餡煎餅卷，放在覆盆子醬上，立即上桌。

11. 一杯提拉米蘇配紅色漿果

原料：

- 6 乾手指餅乾
- 375 克 馬斯卡彭乳酪
- 50 克 糖
- 2個蛋黃
- 1個蛋清
- 190 克 漿果
- 100 克 水
- 75 毫升 蘭姆酒
- 裝飾用覆盆子和藍莓

指示：

a) 將蛋白和蛋黃分離並放在一邊。

b) 在一個碗中，將糖和馬斯卡彭起司混合，直到得到光滑的奶油。

c) 將蛋黃一一加入並劇烈攪拌，加入利口酒。

d) 攪打一個蛋清，一點一點地加入馬斯卡彭混合物中，備用。

e) 另外，將水與糖和紅色漿果一起煮沸，煮幾秒鐘，取出並壓碎，放入深碗中，將蛋糕浸入混合物中，讓它們浸泡。

f) 將浸泡過紅色水果的蛋糕放入杯中，然後放入馬斯卡彭奶油。

g) 冷卻後在上面用紅色漿果裝飾。

12. 漿果提拉米蘇

份量：4份

原料：

- 1 杯 新鮮覆盆子
- 1 杯 新鮮藍莓
- 1 杯 新鮮黑莓
- 1 杯 草莓片
- 1 杯 糖
- 一顆檸檬汁
- 2 品脫 濃奶油
- 8 盎司 馬斯卡彭起司
- ½ 杯 糖粉
- 1準備好的海綿蛋糕,
- (9¥"x9¥"x2¥), 切成 3
- 層數
- 1杯香波利口酒
- ½ 杯 覆盆子醬
- 新鮮薄荷小枝
- 將糖粉放入搖酒壺中

指示：

a) 在攪拌盆中, 將所有莓果與糖和檸檬汁混合。用叉子將 1/4 漿果放在碗邊輕輕搗碎。讓莓果靜置 1 小時。使用電動攪拌器攪打奶油至硬性峰形成。在攪拌盆中, 將一半生奶油與糖粉一起拌入馬斯卡彭起司中。攪拌至奶油完全混合。組裝時，在平底鍋底部舖一層海綿蛋糕。

b) 用香波刷刷該層。

c) 將 ⅓ 的起司混合物塗在海綿蛋糕上。重複此過程，直到用完所有蛋糕和起司混合物。將保留的鮮奶油塗在蛋糕頂部。讓蛋糕凝固，約 1 小時。將一片提拉米蘇放在盤子上。

d) 用覆盆子醬、新鮮薄荷和糖粉裝飾。

13. 埃默里爾的漿果提拉米蘇

份量：12份

原料：

- 1 杯 新鮮覆盆子
- 1 杯新鮮藍莓
- 1 杯 新鮮黑莓
- 1 杯 切片草莓
- 1 杯糖
- 1 顆檸檬各榨汁
- 2品脫濃奶油
- 8 盎司 馬斯卡彭起司
- ½ 杯糖粉
- 海綿蛋糕各1個；切成片
- 1 三層
- 1杯香波利口酒
- ½ 杯覆盆子醬
- 1片薄荷葉裝飾用

指示：

a) 在攪拌盆中，將所有莓果與糖和檸檬汁混合。用叉子將 1/4 漿果放在碗邊輕輕搗碎。讓莓果靜置 1 小時。使用電動攪拌器攪打奶油至硬性峰形成。在攪拌盆中，將一半生奶油與糖粉一起拌入馬斯卡彭起司中。攪拌至奶油完全混合。組裝時，在平底鍋底部鋪一層海綿蛋糕。

b) 用香波刷刷該層。將 ⅓ 的起司混合物塗在海綿蛋糕上。重複此過程, 直到用完所有蛋糕和起司混合物。將保留的鮮奶油塗在蛋糕頂部。讓蛋糕凝固, 約 1 小時。將一片提拉米蘇放在盤子上。用覆盆子醬、新鮮薄荷和糖粉裝飾。

14. 森林果實提拉米蘇

份量：6 份

原料：

- 600毫升雙倍奶油；　（1 品脫）
- 250克馬斯卡彭起司；　（9盎司）
- 8大匙細砂糖
- 6 蛋黃
- 1¼ 公升熱濃黑咖啡；　（2 品脫）
- 1 大匙 馬沙拉酒
- 1 大匙 蒂亞瑪麗亞利口酒
- 450克Savoiardi餅乾；　（1 磅）
- 450克森林新鮮水果；　（山莓,
- ;草莓,
- ;紅醋栗等）
- ;　（1 磅）

指示：

a) 將奶油與馬斯卡彭起司和一半細砂糖一起放入碗中。充分攪拌至糖溶解並且奶油變得濃稠。

b) 在另一個碗中，將蛋黃與剩餘的糖攪拌約 10 分鐘，直到混合物變得濃稠、輕盈且蓬鬆。使用大金屬勺，將蛋黃混合物拌入馬斯卡彭起司中。將咖啡、馬薩拉酒和蒂亞瑪利亞混合在一個淺碗中。

c) 將提拉米蘇湯匙的三分之一馬斯卡彭混合物放入 1⅕ 升（3 品脫）深 7.5 公分（3 英寸）的盤子底部。一次取一塊餅乾，將一半餅乾浸入咖啡混合物中，然後在馬斯卡彭起司上鋪上一層。上面放上一半的水果。

d) 將另外三分之一的馬斯卡彭混合物舀到水果上，然後蓋上剩餘的用咖啡混合物潤濕的餅乾。

e) 將剩餘的馬斯卡彭混合物塗在頂部，最後撒上剩餘的水果，進行裝飾。將提拉米蘇蓋上保鮮膜，放入冰箱冷藏至少6小時即可享用。冷藏後食用。

15. 檸檬漿果提拉米蘇

份量：1 份

原料：

- ⅓ 杯冷凍鳳梨橙草莓濃縮汁，解凍
- 3湯匙橙味利口酒或柳橙汁
- 1 杯 輕乳清乾酪
- ½ 包（8 盎司）1/3 低脂奶油乾酪（Neufchatel），軟化
- 1 罐（15.75 盎司）檸檬派餡料
- 2 包（3 盎司）手指餅乾，分開
- 1 品脫（2 杯）新鮮草莓，切片
- 1 杯（½ 品脫）新鮮覆盆子

準備時間：25分鐘

指示：

a) 在小碗中，將濃縮果汁和利口酒混合；混合得很好。擱置。

b) 在有電動攪拌機的大碗中，中速攪拌乳清乾酪和奶油乾酪，直到光滑。加入餡餅餡；攪拌至充分混合且蓬鬆，偶爾刮擦碗的側面。

c) 將一半手指餅放在 12x8 英吋（2 誇脫）烤盤的底部，切面朝上。在手指餅乾上刷上一半濃縮果汁混合物。

d) 將一半檸檬餡均勻地塗在手指餅乾上。上面放上一半的草莓和覆盆子。重複圖層。冷藏直至食用時間。存放在冰箱中。

16. 覆盆子和咖啡提拉米蘇

製作： 1 份

原料：

- ½ 杯 通用麵粉
- ½ 茶匙 細磨咖啡
- 3個超大雞蛋；分開，室溫
- 5大匙糖
- ½ 茶匙香草精
- 糖粉
- 3 湯匙 弗蘭博茲
- 1 大匙 即溶濃縮咖啡粉
- 2 8 盎司裝奶油乾酪
- ⅔ 杯 糖粉
- 6 盎司籃子覆盆子
- 3/4 杯現煮濃咖啡
- 3大匙糖
- 額外加糖粉
- 清新薄荷
- 1 包 10 盎司冷凍覆盆子；解凍糖漿
- 2 湯匙 弗蘭博茲生命之水

指示：
對於手指餅乾圓：

a) 將烤箱預熱至 350F。用羊皮紙在餅乾片上劃線。在小碗中混合麵粉和磨碎的咖啡豆。

b) 使用電動攪拌機，將蛋黃和 4 湯匙糖放入中型碗中，攪拌約 4 分鐘，直到形成濃稠且緩慢溶解的絲帶。加入香草精。

c) 混合乾燥成分（麵糊會很濃稠）。使用配有乾淨乾攪拌器的電動攪拌機，將蛋白攪拌至濃稠且起泡。

d) 加入剩餘的 1 湯匙糖，攪拌至蛋白變硬但不乾燥。分兩次加入蛋黃混合物中。

e) 用圓形湯匙（每張 8 個）將麵糊倒入準備好的薄片上，間距均勻。將糖粉篩入圓形。烘烤約 16 分鐘，直至圓形邊緣呈金黃色。在架子上的平底鍋中冷卻。從羊皮紙上取出手指彈。

對於灌裝：

f) 將覆盆子酒和即溶濃縮咖啡放入小碗中混合。攪拌至濃縮咖啡溶解。使用電動攪拌機，將奶油乳酪和⅔杯糖粉攪拌至鬆軟。加入咖啡混合物。拌入 1 杯覆盆子。置於室溫下。

g) 將咖啡和 3 湯匙糖混合。攪拌至糖溶解。將 1 湯匙咖啡混合物舀到 1 個手指餅乾的平面上，將咖啡面朝上放在盤子上。將 ⅓ 杯餡料鋪在圓形頂部。將平坦的一面朝下放在填充物的頂部。

h) 撒上糖粉。在甜點周圍淋上覆盆子醬。用剩餘的覆盆子和新鮮薄荷裝飾即可食用。

對於覆盆子醬：

i) 將覆盆子和糖漿放入處理器中打成泥狀。過濾到小碗中以除去種子。加入生命之水攪拌。蓋上蓋子並冷藏。

17. 白巧克力提拉米蘇佐莓果

份量：10 份

原料：

- 3/4 杯金萬利；大約
- ⅓ 杯 白砂糖
- 28 盎司（4 包）手指餅乾
- 12 盎司 白巧克力；切碎的
- ½ 杯 鮮奶油
- 1½ 磅 鮮奶油乳酪
- 6 大匙 脫脂酸奶油
- 6 大匙 白砂糖
- 2 茶匙 香草
- 3品脫新鮮漿果；草莓、藍莓或覆盆子， 洗淨（草莓切片）；這些的混合很漂亮

指示：

a) 對於 10 份量的秤， 請使用 10 英吋的彈簧盤。

b) 將巧克力和鮮奶油放入小平底鍋中， 以小火融化。

c) 攪拌至光滑。將混合物冷卻至室溫。

d) 在碗中， 將奶油乾酪、酸奶油和巧克力混合物攪拌。擱置。

e) 將金萬利酒倒入淺碗中。將第一份糖倒在小盤子上。將手指餅乾修剪至彈簧盤邊緣的高度。

f) 快速將餅乾浸入利口酒中，輕輕塗上一層。將一側浸入糖中。將餅乾圓角朝上，加糖的一面靠在平底鍋的一側。根據需要重複使用盡可能多的手指餅以覆蓋鍋的側面。平底鍋底部，僅將餅乾浸入金萬利啤酒中，不加糖。修剪以適合。

g) 將一半起司巧克力混合物倒入鍋中，抹平頂部。

h) 撒上一半的混合漿果。上面放更多的手指餅乾，完全覆蓋漿果並修剪以適合。然後加入剩餘的乳酪混合物。頂級甜點與雷姆艾寧漿果。覆蓋;冷藏至少 6 小時，或過夜。鬆開鍋邊，將蛋糕轉移到盤子上。如果需要，可以用白巧克力捲裝飾。

18. 燕麥舒芙蕾

品牌：4

原料：

- 1 杯 特厚燕麥片
- 3杯全脂牛奶
- 2大匙鼻甲糖
- 一小撮粗鹽
- 3個大雞蛋，分開
- 2 杯混合覆盆子和藍莓
- ½ 茶匙 磨碎的檸檬皮碎
- 糖果糖，用於除塵
- 純楓糖漿，佐餐用

指示：

a) 將烤箱預熱至 350°。在 2 誇脫的烤盤上塗上奶油。

b) 在一個大平底鍋中，將燕麥、牛奶、turbinado 糖和鹽混合，小火煮。

c) 以中火煮約 15 分鐘，偶爾攪拌至濃稠成粥狀。遠離火源；稍微冷卻一下。

d) 快速工作，將蛋黃攪拌到燕麥片中，直至充分混合。

e) 拌入 1 杯莓果和檸檬皮。

f) 在一個大碗中，使用手持式攪拌機，以中速攪打蛋白，直到形成中等硬度的峰，大約需要 3 分鐘。輕輕地將蛋白拌入燕麥片中直至混合。

g) 將混合物刮入準備好的盤子中，烘烤約 30 分鐘，直到呈現金黃色並膨化。

h) 撒上糖粉，趁熱與剩餘的 1 杯漿果和楓糖漿一起食用（如果需要）。

19. 法式白巧克力舒芙蕾

份量：6 份

原料

- 9大匙砂糖，分開
- 5湯匙通用麵粉
- 1/4 茶匙鹽
- 5 盎司白巧克力，切碎
- 3個大蛋黃，室溫
- 6個大蛋白，室溫
- 1/4 茶匙塔塔粉
- 1茶匙純香草精
- 1 拍無鹽奶油
- 糖果糖，用於除塵
- 新鮮覆盆子，裝飾用

指示：

a) 將烤箱預熱至 375 F。

b) 在一個大舒芙蕾盤上塗抹奶油，並撒上 1/4 杯砂糖；將準備好的菜放在一旁。

c) 將鹽、通用麵粉、剩餘的 1/4 杯加 1 湯匙糖攪拌在一起；將混合物放在一邊。

d) 將白巧克力片放入耐熱碗或雙鍋中，用剛沸騰的水融化，並不斷攪拌巧克力，以免燒焦。

e) 巧克力融化後，將碗從火上移開，加入蛋黃攪拌至混合物完全混合。

f) 在另一個碗中，用中高速攪打蛋白和塔塔粉，直至形成柔軟有光澤的峰。

g) 繼續高速攪打蛋白，加入香草精，然後逐漸加入鹽、麵粉和糖的混合物，直到蛋白形成堅硬有光澤的尖峰。

h) 將 ⅓ 蛋白輕輕攪拌到巧克力混合物中，然後小心地拌入剩餘的攪打蛋白。

i) 巧克力混合物應顏色均勻、輕盈且起泡，沒有蛋白條紋或大理石花紋。

j) 將蛋奶酥混合物倒入準備好的盤子中，蓋上蓋子靜置 30 分鐘，或立即烘烤 25 至 30 分鐘，直至蛋奶酥膨脹並具有硬皮。

k) 如果需要，可以在舒芙蕾上撒上糖粉。

20. 覆盆子舒芙蕾

品牌： 6

原料：

- 1-2 大匙 無鹽奶油，軟化
- 50克細砂糖，另外撒一些
- 6 個蛋清
- 糖粉，撒去灰塵

水果基地

- 500克新鮮覆盆子
- 125克 細砂糖
- 1大匙玉米粉

指示：

a) 為了製作水果底料，請在食品加工機中將漿果加工成光滑的果泥。

b) 將果泥和糖放入平底鍋中，以中火加熱，攪拌至糖溶解。

c) 將玉米粉與 1 湯匙水混合。

d) 當莓果混合物達到沸點時，將熱量降至最低，並在玉米粉混合物中攪拌。

e) 攪拌 1 分鐘，然後離火並冷卻直至完全冷卻。

f) 在六個 250 毫升舒芙蕾盤的底部刷上軟化的奶油，然後向上刷刷兩側。

g) 冷卻至凝固，然後重複。

h) 在盤子上撒上糖，去除多餘的糖，然後再次冷卻直至需要。

21. 德拉姆布伊舒芙蕾

份量：4份

原料：

4個大雞蛋；分開

1 盎司 奶油

1 盎司 普通麵粉

¼ 品脫 牛奶

3 盎司 細砂糖

4 湯匙 Drambuie

香草香精

雖然這種蛋奶酥單獨吃或搭配單一奶油都很美味，但嘗試搭配（蘇格蘭）覆盆子製成的醬汁 - 你會發現這種組合非常棒。

在舒芙蕾盤上塗抹少許奶油（2 品脫，4 份），並撒上細砂糖。

融化奶油，拌入麵粉，離火，逐漸拌入牛奶。當醬汁變得光滑時，將其重新加熱並煮沸使其變稠，同時不斷攪拌。一次攪拌一個蛋黃，然後加入細砂糖、Drambuie 和香草精。

攪拌蛋清，直到它們呈軟峰狀，然後用金屬勺輕輕地將它們快速拌入醬汁混合物中。

將蛋奶酥放入盤中，在烤箱中部以 375 F 的溫度烘烤約 40 分鐘，或直到其充分發酵並呈金黃色。

在上面撒一點糖粉，然後立即食用。

22. 糖霜紅覆盆子舒芙蕾

份量：8份

原料：

● 20 盎司 覆盆子；冷凍的
● 3/4 杯糖
● ⅓杯；水
● 6個雞蛋；分開
● 2杯鮮奶油；鞭打

a) 以小火煮覆盆子，直到液體幾乎消失（約 15 分鐘）。放在一旁冷卻。

b) 將糖和水放入一個中等大小的平底鍋中；煮沸後快速煮3分鐘至軟球階段。

c) 在小攪拌碗中，將蛋黃攪打至濃稠並呈檸檬色。

d) 用中速攪拌機，將熱糖漿慢慢倒入蛋黃上；攪打至濃稠且輕盈。

e) 拌入覆盆子。攪打蛋白至形成硬性發泡。拌入覆盆子混合物中。

f) 拌入鮮奶油。將 2 吋鋁箔立環貼在 8 個單獨的蛋奶酥盤或杯子周圍。

g) 用湯匙舀入覆盆子混合物，填入衣領頂部。

h) 凍結。取下衣領即可食用。用生奶油和新鮮覆盆子裝飾。

23. 粗麵粉布丁

份量：6 份

原料：

- 4½ 杯牛奶
- 1 杯糖
- 1 撮 鹽
- 1顆香草豆；分裂
- 1½ 杯粗麵粉
- 4 盎司 無鹽奶油
- 1品脫覆盆子
- 1 杯 甜奶油
- 6 枝 薄荷

指示：

a) 將烤箱預熱至400度。將牛奶、糖、鹽和香草豆煮沸。使用攪拌器，加入粗麵粉和奶油。倒入 1.5 誇脫的烤盤中。蓋上蓋子，烘烤 40 分鐘。用漿果、奶油和薄荷裝飾。

24. 檸檬奶凍

品牌： 6

原料：

l) 1 封瓊脂粉

m) 2 杯植物性大麻奶

n) 2大匙腰果奶油

o) ½ 杯糖

p) 2茶匙純香草精

q) 2 ¼ 杯大豆酸奶

r) 2茶匙檸檬汁

對於水果配料：

s) 1 杯 覆盆子，紅色和金色

t) 2 杯混合草莓或藍莓

u) 2 個桃子，去皮，切成薄片

v) 2茶匙美人蕉糖

w)1 盎司伏特加

x) 1盎司金巴利酒

y) 1 大匙 檸檬皮碎

指示：

a) 在碗中，將整包瓊脂粉撒在 2 湯匙腰果奶油上。等待 5 分鐘使其軟化。

b) 在平底鍋中，用小火將植物性大麻奶、糖和香草混合。

c) 將混合物小火煮幾分鐘，然後關火。

d) 在平底鍋中，攪拌瓊脂粉和奶油混合物直到完全溶解。在一個中等大小的攪拌碗中，將大豆優格攪拌至光滑。

e) 將大麻奶混合物和檸檬汁逐漸加入優格中。

f) 將混合物分成六個小模子。冷藏 4 小時或直至凝固。

g) 製作食材時，將水果、Vector 伏特加、金巴利大麻、糖和檸檬皮放入攪拌碗中混合。

h) 在冰箱中放置至少 20 分鐘。

i) 用鋒利的刀沿著小模子的邊緣切開奶凍，然後將小模子翻轉到盤子上。

j) 與上面的水果混合物一起食用。

25. 莓果凝膠奶凍

品牌： 6

原料：
開花明膠
- 1 包諾克斯明膠粉
- 如果使用粉狀明膠，則加 3 湯匙水

義式乳凍
- 1 ½ 杯半杯或 3% 牛奶
- ¼ 杯蜂蜜
- 大量海鹽
- 1 湯匙 香草豆醬或香草精或從 1 個香草豆莢中刮下的香草魚子醬
- 1 ½ 杯 濃奶油/鮮奶油

莓果凝膠
- 200 克 漿果
- 3 大匙 蜂蜜
- ½ 湯匙 檸檬汁
- 鹽少許
- ½ 茶匙 明膠粉 1 張金色明膠片

指示：
明膠綻放
a) 將水倒入小碗中。將吉利丁粉撒在水上，攪拌均勻。靜置至明膠吸收水分。

b) 如果使用明膠片，請將明膠片分成兩半。在小碗裡裝滿冷自來水，然後將明膠片浸入水中。靜置至少 10 分鐘，直到明膠軟化。在使用明膠片之前，將其從水碗中取出並擠出多餘的水。

義式乳凍

c) 將一半與蜂蜜、鹽和香草一起放入小鍋中。

d) 用中火加熱，並在加熱時攪拌混合物。確保鹽和蜂蜜溶解並混合到底座。不要讓混合物沸騰。

e) 當一半一半的奶底冒熱氣時，將其從火上移開。

f) 將盛開的明膠直接加入熱混合物中，輕輕攪拌/攪拌至明膠完全溶解。

g) 加入濃奶油並攪拌。

h) 將混合物分成 6 個盤子。每份的容量約為 ½ 杯。

i) 每次將奶凍混合物倒入盤子中時，請務必攪拌，以便香草種子適當地分散在混合物中。

j) 讓奶凍稍微冷卻，然後用保鮮膜覆蓋並在冰箱中存放過夜。

莓果凝膠

k) 讓明膠綻放

l) 將 ½ 茶匙明膠與 ½ 湯匙水混合，靜置約 10 分鐘。

m)　如果您使用的是明膠片，請將明膠片浸泡在一碗水中至少 10 分鐘直至軟化。在將薄片添加到漿果混合物中之前，請務必擠出多餘的水。

貝瑞COULIS

n) 將莓果、蜂蜜、鹽和檸檬汁放入小鍋中。

o) 用中火煮，直到漿果分解。這可能需要大約 10 - 15 分鐘。

p) 將混合物煮至約 1 杯莓果醬。

q) 如果您願意，可以直接使用莓果醬。但要製作液體凝膠，您需要添加明膠。

r) 加入盛開的明膠，攪拌至完全溶解在莓果醬中。

s) 將果凍放入冰箱至凝固。

t) 棒式攪拌機一起使用的容器中。

u) 攪拌漿果果凍，直至形成光滑的糊狀物。您最終會得到液體凝膠。

服務

v) 一旦奶凍凝固，您可以將其在冰箱中保存長達 3 - 4 天。

w) 將一團莓果液體凝膠和新鮮莓果放在奶凍上。

x) 如果您要脫模奶凍，請將模具放入溫水中幾秒鐘，直到奶凍稍微鬆動並可以從模具中取出。

y) 將其放在盤子上，輕拍或輕輕擠壓模具以釋放奶凍。將覆盆子醬舀到上面，立即食用。

26. 覆盆子凝膠 乳凍

品牌：4

原料：

對於奶凍：

- 1/2 杯全脂牛奶
- 1.5 茶匙 粉狀無味明膠
- 1.5 杯 濃奶油
- 1/4 杯 砂糖
- 1茶匙香草精
- 1/4 茶匙 鹽

對於覆盆子吉利醬：

- 3/4 茶匙 明膠信封
- 1/4 杯水
- 1.5 杯新鮮或冷凍覆盆子
- 1/4 杯 砂糖
- 2 茶匙 檸檬汁

指示

a) 在小平底鍋中，將 1.5 茶匙明膠與牛奶混合，靜置 5 分鐘。這個過程稱為起霜，讓明膠吸收液體並隨後均勻溶解。

b) 將平底鍋置於中火上，經常攪拌 5 分鐘，直到明膠溶解，確保不要煮沸牛奶。如有必要，將熱量調至中低。

c) 加入濃奶油、糖、香草精和鹽，再攪拌 5 分鐘至糖溶解。將混合物從火上移開。

d) 將混合物均勻倒入 4 個您選擇的玻璃杯或模子中，並在室溫下冷卻 15 分鐘。然後放入冰箱冷藏6小時使其凝固。

e) 製作覆盆子凝膠時，在小平底鍋中將剩餘的明膠與水混合，靜置 5 分鐘。

f) 加入覆盆子、糖和檸檬汁，然後煮 5 分鐘直到糖溶解。使用細網篩濾出覆盆子種子。

g) 讓凝膠冷卻至室溫，大約 10-15 分鐘，然後均勻地倒在冷凍的奶凍上。

h) 再冷藏一小時以凝固凝膠。如果需要，可以在上面放上新鮮漿果，盡情享受吧！

27. 小荳蔻和血橙奶凍

原料：

血橙和荳蔻奶凍：

- 1 1/2 杯 杏仁奶
- 1/2 杯 椰子奶油
- 1/2 杯 鮮榨血柳橙汁
- 1 包明膠
- 1/4 杯 有機蔗糖
- 2 大匙 蜂蜜
- 1茶匙小荳蔻粉
- 1茶匙香草豆醬或1茶匙香草豆萃取物

血橙果凍：

- 1 1/2 杯 + 1/2 杯血橙汁，分開
- 2 包明膠
- 1 茶匙 血橙皮碎
- 1/3 杯 有機蔗糖
- 1/4 茶匙 鹽

烤藜麥碎：

- 1/2 杯藜麥
- 3 大匙 楓糖漿或蜂蜜
- 1 大匙 椰子油
- 1/4 茶匙 鹽
- 1/4 茶匙 小荳蔻粉
- 2 大匙 冷凍乾燥覆盆子
- 2 大匙 烤開心果，粗略切碎

裝飾：

● 2片血橙片切成兩半

指示

血橙和荳蔻奶凍：

a) 在小平底鍋中，將吉利丁撒在 1 杯室溫杏仁奶上。靜置 1 分鐘使其軟化。以小火加熱明膠混合物，直到明膠溶解，然後將鍋子從火上移開。

b) 在一個大平底鍋中，將剩餘的杏仁奶、椰子奶油、血橙汁、蜂蜜、糖、小荳蔻粉、鹽、香草豆萃取物放在一起，用中火攪拌至沸騰。煮沸後將鍋子從火上移開，加入明膠混合物攪拌。使它冷卻。

c) 將混合物均分到 4 個酒杯中，放入冰箱冷藏 4 小時或過夜。

血橙果凍：

d) 加熱 1 1/2 杯血橙汁。將 2 個明膠袋與 1/2 杯血橙汁混合，並與溫熱的果汁混合。加入糖和皮碎，攪拌至混合且糖溶解。

e) 將其輕輕均勻地倒入 4 個玻璃杯中，然後放入冰箱中。

烤藜麥碎：

f) 烤箱預熱至350度。

g) 將覆盆子以外的所有原料放入小碗中，然後輕輕地鋪在小烤盤上。在烤箱中烘烤約 20 分鐘。使它冷卻。將其分解成碎片。

集會：

h) 將約 1-2 茶匙烤藜麥碎放入每個玻璃杯中。將一些冷凍乾燥覆盆子和一些切碎的開心果放在上面。

i) 在每個整齊組裝的奶凍上添加半片血橙。奶凍就可以上桌吃了！

28. 奧利奧早餐薄餅

份量：4份

原料：

a) 1 杯麵粉

b) 3個雞蛋

c) 1 杯牛奶

d) 1 ¼ 杯水

e) ⅛ 茶匙鹽

f) 奧利奧餅乾

g) 薄餅餡料：花生醬、覆盆子果醬、鮮奶油

指示：

a) 將以下**成分**加入攪拌盆中：雞蛋、麵粉、水、牛奶和鹽。

b) 使用籠式配件攪拌至光滑，然後將麵糊在冰箱中靜置 5 分鐘或最多 24 小時。

c) 用 ½ 茶匙油加熱平底鍋並塗上油脂。

d) 將5吋平底鍋加熱至熱。

e) 將一塊奧利奧餅乾放在平底鍋中間。

f) 將約 1/4 杯麵糊倒在奧利奧餅乾周圍。

g) 煮1到2分鐘，直到薄餅底部呈現金黃色。

h) 用小刀或抹刀提起縐紗並快速翻轉。

i) 將第二面煮約 ½ 分鐘或直至呈金黃色。

j) 用您選擇的餡料填充每個薄餅。

k) 將 Nutella 醬塗在奧利奧周圍，然後將其捲成圓柱體。

29. 酪梨角豆慕斯

製作： 1 份

原料：

- 1大匙椰子油，融化
- ½ 杯水
- 5 個日期
- 1大匙角豆粉
- ½ 茶匙香草豆粉 1 顆酪梨
- ¼ 杯 覆盆子，新鮮的或冷凍解凍的

指示：

a)　　在食品加工機中，將水和棗子混合。

b)　　加入椰子油、角豆粉和香草豆粉。

c)　　加入酪梨並混合幾秒鐘。

d)　　與覆盆子一起放入碗中食用。

30. 巴西莓巧克力慕斯

份量：4 份

原料：

- 100公克無糖黑巧克力塊
- 175 克 紅棗，去核
- 5 個蛋清
- 3茶匙椰子糖
- ¼ 杯巴西莓粉
- 2 杯希臘/天然酸奶
- 2 大匙 椰子水粉
- 3湯匙蜂蜜

配料：

- 椰子薄脆
- 藍莓/覆盆子

指示：

a) 將棗子放入鍋中，加水蓋過椰棗。煮沸，然後小火煮至棗子變軟，偶爾攪拌。

b) 將巧克力放入耐熱碗中，放在沸水鍋上融化。放在一旁稍微冷卻。

c) 將棗子和剩餘的沸騰液體放入食品加工機中加工至光滑。冷卻，加入巧克力，加工至混合。

d) 將優格、巴西莓粉和蜂蜜放入碗中混合直至混合。

e) 在一個非常乾淨、乾燥的碗中攪打蛋白，直到蛋白變白且變硬。加入1茶匙椰子糖，攪打一分鐘，加入剩餘的椰子糖，攪打至蛋白變得有光澤。

f) 加入一小匙蛋白至棗泥混合物中，使其鬆散，然後輕輕地將⅓ 蛋白折疊起來。

g) 在每個杯子中倒入一層薄薄的巧克力棗混合物，然後放入冰箱冷藏 15 分鐘。

h) 同時，將剩餘的蛋白輕輕拌入巴西莓混合物中。分裝在杯子中並放入冰箱至少一小時。

i) 搭配新鮮藍莓、椰子片、堅果或您選擇的食材！

31. 黑巧克力覆盆子慕斯

份量：6份

原料：

- 1½ 杯 新鮮覆盆子
- ¼ 杯 糖
- 2 大匙 弗蘭博茲利口酒
- 10 盎司苦甜巧克力，
- 粗粗地切一下
- 4 大匙（1/2 棒）無鹽奶油
- 1 杯 濃奶油－冷藏
- 3個大雞蛋，分開－在室溫下
- 3/4 杯濃奶油，輕輕攪打
- ½ 品脫新鮮覆盆子 -- 用於裝飾

指示：

a) 在一個小碗中，用叉子粗略地壓碎覆盆子。加入糖和弗蘭博茲攪拌。讓混合物在室溫下靜置 30 分鐘。

b) 在改良的雙鍋中，融化巧克力和奶油。

c) 當巧克力融化時，攪打奶油。將蛋黃加入壓碎的覆盆子混合物中攪拌。攪拌蛋清。

d) 從改良的雙層蒸鍋中取出一碗融化的巧克力，並將其放在工作檯面上。立即加入覆盆子混合物。加入鮮奶油攪拌。拌入蛋白。

e) 將慕斯變成碗或單獨的菜餚。冷卻至堅硬，單份大約需要 2 小時，一大碗慕斯需要 5 小時。

f) 每份都用一團淡奶油和一兩個新鮮覆盆子裝飾。

32. 橄欖園覆盆子慕斯起司蛋糕

份量：6 份

原料：

覆盆子慕斯

- 1½ 茶匙 明膠
- 1½ 湯匙 冷水
- ½ 杯 覆盆子蜜餞
- 2大匙糖
- 1 杯 濃奶油

填充

- 1磅奶油乾酪；柔軟的
- ½ 杯 糖
- 2個蛋
- ½ 茶匙香草精
- 準備好1個9吋的巧克力麵包皮

指示：

a) 將烤箱預熱至325~。用電動攪拌機將奶油乳酪、糖、雞蛋和香草精混合，直到完全混合，大約需要 3 至 4 分鐘。倒入準備好的餅皮中。放在烤盤上，烘烤 25 分鐘。冷卻至冷藏溫度。

b) 慕斯-將明膠撒在冷水上，攪拌並靜置 1 分鐘。

c) 微量高溫加熱 30 秒或直至明膠完全溶解。（或在爐子上加 1 湯匙水加熱。）將明膠與蜜餞混合。冷卻 10 分鐘。奶油

－攪打奶油至軟峰狀。加入 2 湯匙糖，繼續攪打至硬性發泡。量出 1-½ 杯生奶油作為慕斯，放在一旁。

d) 將剩餘的奶油冷藏以用於澆頭。將覆盆子混合物輕輕拌入量好的生奶油中。將覆盆子慕斯塗在冷凍起司蛋糕上，在中間稍微隆起。食用前冷藏 1 小時。食用時，將起司蛋糕切成 6 份，並在每塊上面放上一塊保留的生奶油。

33. 香草慕斯盃

品牌： 6

原料：
- 8盎司奶油乾酪塊，軟化
- 1/2 杯糖替代品，如 Swerve
- 1 1/2 茶匙 香草精
- 少許海鹽
- 1/2 杯 濃奶油
- 覆盆子，裝飾

指示：
a) 將前四種成分添加到食品加工機或攪拌機中。

b) 攪拌直至混合。

c) 在攪拌機運轉的情況下，慢慢加入濃奶油。

d) 繼續攪拌至變稠，約 1-2 分鐘。稠度要像慕斯。

e) 準備一個帶有 6 個紙襯墊的紙杯蛋糕或鬆餅罐，並將混合物分裝到杯子中。

f) 放入冰箱冷藏直至凝固，然後撒上覆盆子即可享用！

34. 堅果覆盆子指紋餅乾

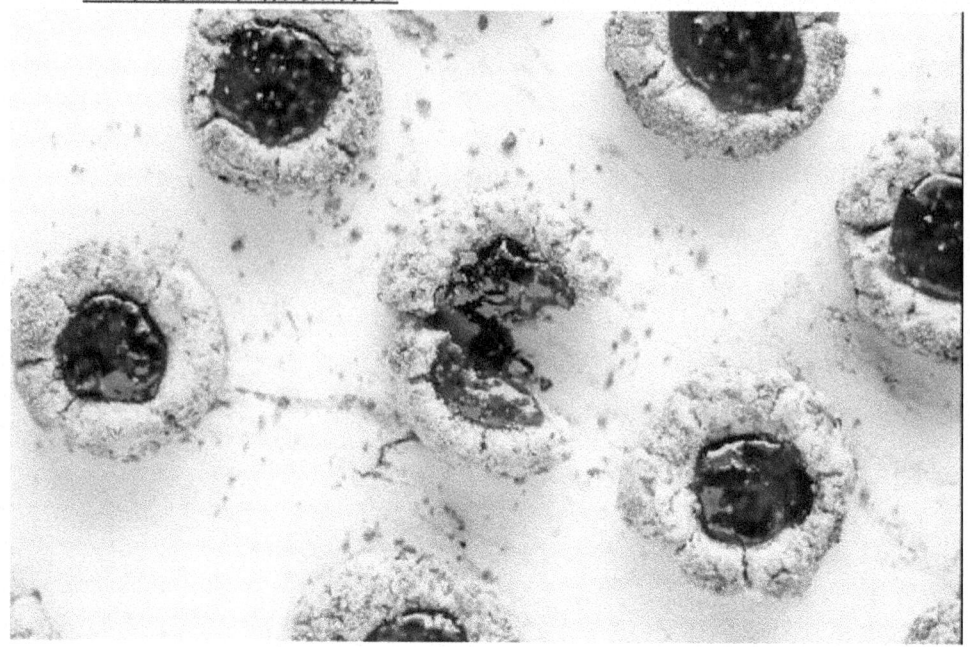

製作 18 塊餅乾

⅓ 杯不加糖蘋果醬

¼ 杯 杏仁奶油

½ 杯乾甜味劑

1 湯匙 磨碎的亞麻籽

2茶匙純香草精

1⁄4 杯燕麥粉

½ 茶匙小蘇打

½ 茶匙鹽

½ 杯燕麥片

½ 杯 切碎的核桃

⅓ 杯覆盆子果醬，或品嚐

1. 將烤箱預熱至 350°F。在一張大烤盤上鋪上烘焙紙或 Silpat 烤墊。

2. 在一個大攪拌碗中，用堅固的叉子將蘋果醬、杏仁奶油、乾甜味劑和亞麻籽攪拌在一起。一旦相對光滑，加入香草精。

3.加入麵粉、小蘇打粉和鹽，攪拌均勻。拌入燕麥和核桃。

4. 將約2湯匙麵糊搓成球狀，放在準備好的烤盤上。對剩餘的擊球手重複上述步驟，直到有 18 個球。它們可以全部放在一張紙上，因為它們在烘烤過程中根本不會散開太多。弄濕拇指（或食指），並在每個餅乾的中心深深地凹進去。在每個凹痕中放入約 ½ 茶匙果醬。

5. 烘烤 10 至 12 分鐘，或直到餅乾底部呈金黃色。

6. 將餅乾從烤箱中取出，放在烤盤上冷卻 5 分鐘，然後轉移到冷卻架上完全冷卻。

35. 非常莓果冰沙

服務 1

1½ 杯不加糖杏仁奶，視需要添加更多，或水

1 杯莓果，如草莓、藍莓或覆盆子

½ 杯 去核切碎的 Medjool 棗，或品嚐

將所有成分加入攪拌機中並加工至光滑且呈奶油狀。如有必
要，添加更多杏仁奶以達到光滑的稠度。

36. 覆盆子鬆露布朗尼

製作 12 個布朗尼蛋糕

4 盎司不加糖巧克力，切碎

½ 杯覆盆子果醬

½ 杯乾甜味劑

½ 杯不加糖蘋果醬

2茶匙純香草精

½ 茶匙杏仁萃取物

1½ 杯 全麥糕點麵粉

¼ 杯不加糖可可粉

1/4 茶匙泡打粉

½ 茶匙小蘇打

1/4 茶匙鹽

1 杯 覆盆子，冷凍或新鮮

1. 將烤箱預熱至 350°F。在 8 × 8 英吋的烤盤上鋪上 10 英吋見方的羊皮紙，或準備一個 8 × 8 英吋的不沾鍋或矽膠烤盤（請參閱建議）。

2. 在雙鍋或微波爐中融化巧克力。擱置。

3. 在一個大攪拌碗中，將果醬、乾甜味劑和蘋果醬劇烈混合。加入香草精、杏仁精和融化的巧克力。

4. 篩入麵粉、可可粉、泡打粉、小蘇打粉和鹽。充分混合直至形成硬麵團。拌入覆盆子。

5. 將混合物倒入準備好的平底鍋中。它會很厚，你需要用手把麵糊在鍋子裡弄平。

6. 將布朗尼蛋糕烘烤 16 至 18 分鐘。將它們從烤箱中取出並完全冷卻。冷藏幾個小時後，它們的味道特別好，而且軟軟的。

37. 燕麥優格鬆餅

製作 12 個鬆餅

2¼ 杯燕麥粉

1大匙泡打粉

3/4 茶匙鹽

½ 杯乾甜味劑

⅔ 杯無糖植物奶

½ 杯不加糖蘋果醬

½ 杯不加糖原味大豆酸奶

2茶匙純香草精

1¼ 杯莓果（如藍莓、覆盆子或黑莓），減半

1. 將烤箱預熱至 350°F。在 12 杯鬆餅盤上鋪上矽膠襯墊，或準備不沾黏或矽膠鬆餅盤（請參閱建議）。

2. 在一個中等大小的攪拌盆中，將麵粉、泡打粉、鹽和乾甜味劑一起過篩。在中心挖一口井，倒入植物奶、蘋果醬、優格和香草精。將井中的濕成分攪拌在一起。然後將濕的和乾的成分混合在一起，直到乾的成分被潤濕（不要過度混合）。拌入漿果。

3. 將每個鬆餅杯裝滿 3/4，然後烘烤 22 至 26 分鐘。插入中心的刀應該是乾淨的。

4. 讓鬆餅完全冷卻，大約 20 分鐘，然後小心地用刀在每個鬆餅的邊緣劃一圈，將其取出。

38. 充滿莓果餡餅

服務 8

對於填充物：

5 杯混合莓果（如藍莓、覆盆子和草莓）

2大匙檸檬汁

⅓ 杯乾甜味劑

3大匙玉米澱粉

捏鹽

餅乾配料：

½ 杯不加糖植物奶

1 茶匙蘋果醋

1茶匙純香草精

1½ 杯燕麥粉

1大匙泡打粉

¼ 杯乾甜味劑

1/4 茶匙鹽

3大匙不加糖的蘋果醬

2大匙杏仁奶油

對於灑水：

1大匙乾甜味劑

1/4 茶匙肉桂粉

1. 將烤箱預熱至 425°F。在 8 × 8 英吋的烤盤上鋪上羊皮紙，確保羊皮紙一直貼在烤盤的兩側，或準備一個 8 × 8 英吋的不沾鍋或矽膠烤盤（請參閱建議）。

製作餡料：

2. 在一個大碗中，將莓果、檸檬汁、乾甜味劑、玉米澱粉和鹽混合在一起，直到充分混合。將混合物放入準備好的平底鍋中。用鋁箔紙蓋住烤盤並烘烤 25 分鐘。

製作餅乾配料：

3. 在一個大量杯中，將植物奶和蘋果醋攪拌在一起。放在一旁讓其凝結幾分鐘，然後加入香草精。

4. 在一個大碗中，將燕麥粉、泡打粉、乾甜味劑和鹽一起過篩。

5. 在一個小碗中，將蘋果醬和杏仁奶油混合在一起。

6. 用叉子將蘋果醬混合物切入麵粉混合物中，直到變得易碎。加入牛奶混合物並攪拌至剛好濕潤。不要過度混合。

組裝鞋匠：

7. 將烤箱溫度降低至 350°F。從鍋中取出箔紙，然後將一匙麵糊倒在漿果餡料上。將乾甜味劑和肉桂混合，均勻地撒在餅乾麵團的頂部。將平底鍋放回烤箱，不蓋蓋子，再烤 20 分鐘。

8. 從烤箱中取出烤盤並將其轉移到冷卻架上。給鞋匠上熱菜。

39. 葡萄莓果冰沙

份量： 2份

成分：

- 無籽綠葡萄，½ 杯
- 肉桂粉，1 噸茶匙
- 奇亞籽，2湯匙
- 小菠菜，2 杯
- 覆盆子，1 杯
- 1顆Medjool棗（軟化/泡棉）
- ½ 杯水

指示：

a) 將所有食材倒入攪拌機中，不包括蒸餾水。

b) 加水至所需濃稠度。處理直至光滑

40. 菠菜核桃沙拉

品牌：4

原料：
- 4 杯新鮮菠菜
- ¼ 杯 核桃碎
- ¼ 杯覆盆子醋汁

指示：
a) 將菠菜和核桃放入一個中等大小的盤子中。
b) 淋上油醋汁即可食用。

41. 莓果潔顏奶昔

份量： 2份

成分：
- 3片瑞士甜菜葉，去除莖
- ¼ 杯冷凍蔓越莓
- 水，1 杯
- 亞麻籽粉，2 湯匙
- 1 杯 覆盆子
- 2 個去核 Medjool 棗

指示：

a) 將所有食材放入攪拌機中，攪拌至完全光滑。

42. 糙米蘋果沙拉

份量：10 份

原料

2 個中酸蘋果，切成 1/2 英吋的塊

1大匙檸檬汁

1 個中等大小的青椒或甜紅椒，切成 1/2 英吋的塊

3塊去骨去皮雞胸肉，煮熟並切成1/2英寸的塊

3-1/2 杯煮熟的糙米

1/2 杯 切碎的山核桃，烤的

1/4 杯 蔥片

1/3 杯植物油

1/4 杯 切碎的新鮮歐芹

3大匙覆盆子醋

1茶匙糖

1/2 茶匙鹽

1/4 茶匙 胡椒粉

生菜葉，可選

方向

將檸檬汁放入大碗中，將蘋果塗在上面。將接下來的五種食材混合均勻；擱置。將接下來的六種調味料攪拌至光滑；將調味料倒在沙拉上。保持冷藏至可使用。如果你喜歡的話，可以在底部放上生菜葉。

43. 蔓越莓山核桃沙拉

份量：6

原料

1 杯 山核桃半塊

2大匙覆盆子醋

1/2 茶匙 第戎芥末

1/2 茶匙糖

1/2 茶匙鹽

現磨黑胡椒粉（選購）

6大匙橄欖油

6 杯混合沙拉蔬菜，沖洗並乾燥

3/4 杯 蔓越莓乾

1/2 顆中大小的紅洋蔥，切成薄片

碎羊乳酪

方向

將烤箱設定為 400°F (200°C) 並開始預熱。在烤盤上，均勻地舖上山核桃。

將山核桃放入烤箱烘烤 8 至 10 分鐘，或直到其變成淺棕色並散發出香味。

將鹽、胡椒、糖、芥末和醋放入小碗中攪拌均勻；充分攪拌至鹽和糖完全溶解在液體中。加入橄欖油，適當攪拌。

將起司、洋蔥、山核桃、蔓越莓和蔬菜一起放入沙拉碗中。倒入油醋汁，輕輕攪拌，使沙拉沾上油醋汁。

44. 覆盆子鳳梨明膠沙拉

份量：12-16 份

原料

2 包（每包 3 盎司）蔓越莓明膠

1杯開水

1 包（8 盎司）奶油乾酪，軟化

1 包（12 盎司）冷凍覆盆子，解凍並瀝乾

1 杯 薑汁汽水

1 罐（8 盎司）菠蘿碎，瀝乾

1/3 杯 切碎的山核桃

1/2 茶匙 香草精

1 箱（8 盎司）冷凍攪打配料，解凍

11/2 杯迷你棉花糖

額外的攪打配料

方向

在裝有沸水的小碗中，溶解明膠。在一個大碗中將奶油乳酪攪打至光滑稠度。慢慢加入熱吉利丁混合物，攪打至光滑稠度。加入香草、山核桃、鳳梨、薑汁汽水和覆盆子。蓋上蓋子，放入冰箱冷藏至部分凝固或半小時。

拌入棉花糖和打發的食材。放入 13x9 英吋的容器中。使用烹飪噴霧塗覆的盤子。蓋上蓋子，放入冰箱冷藏 4 小時至變硬。撒上額外的攪打配料。

45. 紅寶石紅甜菜沙拉

份量：12-15 份

原料
1 包（3 盎司）櫻桃明膠
1 包（3 盎司）覆盆子明膠
1 包（3 盎司）草莓明膠
4杯開水
1 罐（20 盎司）碎菠蘿
1 罐（15 盎司）甜菜丁，瀝乾
敷料：
1/2 杯蛋黃醬
1/2 杯 酸奶油
切碎的芹菜、青椒和細香蔥各 3 湯匙
葉生菜，可選

方向
將明膠放入大碗中混合；倒入沸水並混合溶解。將鳳梨瀝乾，保留果汁；把菠蘿放在一邊。將果汁混入明膠中。放入冰箱冷藏至稍微變稠。加入鳳梨和甜菜。添加到 13x9 英吋。盤子。放入冰箱冷藏至變硬。

製作調味料時，在一個小碗中混合香蔥、青椒、芹菜、酸奶油和蛋黃醬。將吉利丁片切成方形；如果需要的話，可以放在鋪有生菜的沙拉盤上。使用敷料塗抹。

46. 起泡明膠沙拉

份量： 6 份

原料

2 個信封無味明膠

11/2 杯 白葡萄汁，分開

11/2 杯甜白酒或額外的白葡萄汁

1/4 杯 糖

1 罐（15 盎司）柑橘，瀝乾

1 杯 綠葡萄，減半

3/4 杯 新鮮覆盆子

方向

將吉利丁撒在小平底鍋中的半杯果汁上；讓它休息 60 秒。小火加熱，攪拌至吉利丁完全溶解。加入剩餘的果汁、糖和酒。煮並攪拌至糖溶解。

加入至 11/2 誇脫。服務碗。放入冰箱約60分鐘，直至凝固但不堅硬。拌入覆盆子、葡萄和柳橙。放入冰箱直至變硬。

47. 女兒的 A To Z 麵包

份量： 2 個麵包

原料

1 杯糖

1/2 杯菜籽油

1/2 杯 不加糖的蘋果醬

3個雞蛋

2 杯 A 到 Z 成分（從下面的清單中選擇）

1大匙香草精

2 杯 通用麵粉

1 杯全麥麵粉

2茶匙肉桂粉

1 茶匙發酵粉

1茶匙小蘇打

1茶匙鹽

1 杯切碎的核桃或山核桃

A 到 Z 成分：

桃子，去皮並切碎

梨，去皮並切碎

菠蘿（罐頭），壓碎並瀝乾

李子乾，去核，切碎

南瓜，罐頭

覆盆子，新鮮或冷凍

葡萄乾

大黃，新鮮或冷凍切碎

草莓，新鮮或冷凍切碎

地瓜，煮熟並搗碎

西葫蘆，切絲

方向

在一個大碗中，攪拌雞蛋、蘋果醬、油和糖。混合您選擇的 A 到 Z 成分和香草。

將鹽、小蘇打、泡打粉、肉桂、通用麵粉和全麥麵粉混合。與液體成分混合直至剛好濕潤。

將堅果混合進去。將混合物放入 2 個 8x4 英寸大小、塗了油的麵包盤中。

325度，烘烤50到55分鐘，直到牙籤插入中間乾淨為止。冷卻 10 分鐘。從平底鍋移至金屬絲架上。

48. 覆盆子早餐辮子

份量：12 份

原料
2 杯餅乾/烘焙混合物
3 盎司 奶油乾酪，切塊
1/4 杯 冷奶油，切塊
1/3 杯 2% 牛奶
11/4 杯 新鮮覆盆子
3大匙糖
1/4 杯 香草糖霜

方向
將烤箱預熱至425°。在一個大碗裡，放入餅乾混合物。加入奶油和奶油乳酪，切至看起來像粗麵包屑；加入牛奶攪拌至剛好濕潤。打開撒了少許麵粉的表面；輕輕揉捏8-10次。
在塗有油脂的烤盤上將麵團擀成 18x12 英吋的長方形。將覆盆子舀到麵團的中間三分之一處，然後撒上糖。
在每條長邊上切出 1 英吋寬的條，切入中間約 2 1/2 英吋。
從一端開始，以一定角度折疊交替的條帶，然後密封兩端。
烘烤15-20分鐘至金黃色。放在金屬架上；有點涼。在微波爐安全的盤子中用微波爐加熱 5-10 秒，直到達到理想的稠度；淋在糕點上。

49. 覆盆子山核桃迷你麵包

份量： 6 個迷你麵包

原料
2 杯 通用麵粉
1/2 杯糖
2 茶匙發酵粉
1/2 茶匙鹽
1/4 茶匙小蘇打
2個蛋
1/2 杯 香草酸奶
1/3 杯柳橙汁
1/4 杯 不加糖的蘋果醬
1/4 杯菜籽油
1/2 茶匙橙子提取物
1 杯切碎的山核桃，烤的
1 杯新鮮或冷凍覆盆子
釉：
1 杯 糖果糖
4至5茶匙橙汁

方向
在一個大碗中將小蘇打、鹽、泡打粉、糖和麵粉混合在一起。將
萃取物、油、蘋果醬、柳橙汁、優格和雞蛋放入小碗中，攪拌均

匀。加入乾燥的原料中，攪拌至剛好濕潤。將覆盆子和山核桃拌入混合物中。

放入六個塗有烹飪噴霧的 4.5x2.5x1.5 吋麵包盤中。在 350 度的溫度下烘烤 25 至 28 分鐘，直到用牙籤滑入中間，取出時沒有任何麵糊條紋。在平底鍋中冷卻 10 分鐘，然後轉移到金屬架上。

將適量的柳橙汁和糖粉混合直至達到釉料稠度。倒在熱麵包上。

50. 蘋果覆盆子脆

份量：12 份

原料

10杯切成薄片的去皮酸蘋果（約10個中等大小）

4 杯 新鮮覆盆子

1/3 杯糖

3 湯匙加 3/4 杯通用麵粉，分開

11/2 杯 老式燕麥

1 杯包裝紅糖

3/4 杯 全麥麵粉

3/4 杯 冷奶油

方向

在一個大碗裡，放入覆盆子和蘋果。放入3湯匙中筋麵粉和糖；輕輕混合以塗上一層。加入至塗有油脂的 13x9 英吋。烤鍋。

將剩餘的通用麵粉、全麥麵粉、紅糖和燕麥放入小碗中混合。加入奶油搗碎至易碎；撒在上面（盤子會滿的）。

以 350° 烘烤 40-50 分鐘，不加蓋，或直到表面呈金黃色且餡料起泡。趁熱食用。

51. 冰覆盆子和桃子鬆糕

份量：4 份

原料：

- 4塊磅蛋糕，切碎
- 4到8大匙雪莉酒或馬薩拉酒
- 7到8大匙覆盆子果凍
- 1 杯新鮮或冷凍覆盆子
- 2 個熟透的桃子，去皮切片
- 4 球香草冰淇淋，軟化
- 1 杯 鮮奶油
- 新鮮覆盆子和桃片，裝飾

指示：

52. 將蛋糕弄碎放入 4 個玻璃盤子或玻璃杯的底部。將雪莉酒或馬薩拉酒均勻地撒在蛋糕上。

53. 將果凍和覆盆子混合，然後用湯匙淋在蛋糕上。上面放上切片的桃子。

54. 將軟化的冰淇淋塗在桃子上。塗上生奶油，冷凍 1 小時後再食用。

55. 準備上桌時，在上面放上幾片新鮮水果。

52. 摩卡覆盆子鬆糕

份量：8 份

原料：
- 1磅巧克力海綿蛋糕
- ⅓杯卡魯瓦咖啡
- 1磅覆盆子，新鮮或冷凍的
- 3½ 盎司 黑巧克力
- 1⅓ 杯 鮮奶油
- 4 蛋黃
- ¼ 杯 玉米澱粉
- 3/4 杯糖
- 1½ 杯 牛奶
- 1大匙即溶咖啡粉
- 1 大匙 水，熱水
- 2 茶匙 香草
- 1⅓ 杯 鮮奶油

指示：

z) 將蛋糕切成10-12片。將一半切片放入小碗中。均勻地撒上一半咖啡豆，上面撒上一半覆盆子，撒上 ⅓ 巧克力，最後撒上一半蛋奶凍。重複圖層。

aa) 用生奶油、剩餘的黑巧克力和額外的覆盆子裝飾。咖啡蛋奶凍：將蛋黃、玉米澱粉和糖放入鍋中攪拌至光滑。在另一個鍋中加熱牛奶，並逐漸攪拌到蛋黃混合物中。煮，不斷攪拌，直到混合物沸騰並變稠。

bb)　加入咖啡、水和香草精，用保鮮膜覆蓋表面以防止結皮，然後冷卻至室溫。將鮮奶油攪打至形成軟峰，然後拌入奶凍中。

53. 桃梅爾巴小蛋糕

品牌： 1 份

原料：

- 兩包 8 盎司的手指餅乾
- ¼ 杯加 1 湯匙乾雪莉酒或柳橙汁
- 1½ 磅 新鮮桃子，削皮並切片
- ½ 杯 紅樹莓蜜餞
- 18 盎司罐裝甜煉乳
- 1½ 杯 冷水
- 8 盎司裝即食香草布丁和餡餅餡料混合物
- 2 杯濃奶油或鮮奶油
- 額外的紅樹莓蜜餞用於裝飾
- 裝飾用烤杏仁

指示：

54. 將一個 2 -½ 至 3 誇脫的碗的底部和側面與手指餅乾的兩半分開，將側面朝上。刷上兩湯匙雪莉酒或柳橙汁。

55. 上面放上一半的桃片。將蜜餞舀到桃子上，放在一旁。在一個大攪拌碗中將煉乳和水混合。

56. 加入布丁粉，攪拌均勻。冷藏 5 至 10 分鐘。

57. 在小攪拌碗中攪打奶油，直到形成硬峰。

58. 與一湯匙剩餘的雪莉酒或柳橙汁拌入冷凍布丁混合物中。將一半的蜜餞舀入碗中。

59. 上面放上剩餘的手指餅乾、雪莉酒或柳橙汁和布丁混合物。

60. 蓋上蓋子並冷藏至少 2 小時。食用前用額外的覆盆子蜜餞和杏仁裝飾。要烤杏仁，請將單層放在烤盤上。

61. 在 300 度的溫度下烘烤 5 至 7 分鐘或直至呈現淺棕色。完全冷卻。

54. 杏莓果酥餅

份量：2 份

原料

1 杯新鮮覆盆子和/或黑莓

1大匙糖

破折號肉荳蔻粉

1/4 杯 杏桃醬

1茶匙奶油

少許鹽

2個單獨的圓形海綿蛋糕

鮮奶油

方向

將肉荳蔻、糖和莓果放入小碗中混合；覆蓋。冷藏一小時。

將鹽、奶油和果醬放入小平底鍋中，用小火混合並煮至奶油融化。將海綿蛋糕放入微波爐高火加熱20秒；放在盤子上。將漿果混合物放在上面；淋上杏桃醬。將一塊打發奶油放在上面。

55. 樹莓和瑪沙拉鬆糕

份量：12 份

原料：

56. 22 ¼ 盎司裝濕豪華奶油配方金色蛋糕粉

57. 13/16 杯 乾馬薩拉

58. 12 盎司冷凍不加糖覆盆子，解凍，瀝乾

59. 3⅝ 大匙 加 3/4 杯糖

60. 10 3/4 大蛋黃

61. 1 3/16 杯 乾馬薩拉

62. 1 13/16 杯 鮮奶油，冷藏

63. ⅝ 品脫籃新鮮覆盆子

指示：

a) 蛋糕：奶油和麵粉 13x9x2 英吋烤盤。

b) 依照包裝說明準備蛋糕，用 ⅔ 杯馬薩拉酒代替水。

c) 烘烤蛋糕並完全冷卻。將蛋糕縱向切成 1 吋的三分之一。

d) 將蛋糕縱向切成1吋寬的片。擱置。

e) 餡料：將解凍的冷凍覆盆子和 3 湯匙糖放入大碗中混合。擱置。

f) 使用手持攪拌機，將蛋黃和剩餘 3/4 杯糖放入大金屬碗中，攪拌均勻。

g) 加入 1 杯乾馬沙拉酒攪拌。將碗放在裝有沸水的平底鍋上。

h) 攪拌約 6 分鐘，直到混合物體積增加至三倍，並在溫度計上顯示為 160 度。將碗從水中取出。將蛋黃混合物冷卻至室溫，偶爾攪拌。

i) 將足夠的蛋糕片放入 12 杯蛋糕盤中，以覆蓋底部。

j) 將 1 杯覆盆子混合物舀到蛋糕上，讓一些覆盆子混合物出現在碗的兩側。

k) 倒入 1-½ 杯餡料。在餡料上放足夠的蛋糕片以完全覆蓋餡料。將剩餘的覆盆子混合物塗在上面。將剩餘的餡料倒在上面，並抹平頂部。蓋上蓋子並冷藏至少 4 小時或過夜。

l) 使用電動攪拌機，將 3/4 杯冷鮮奶油放入中等大小的碗中，攪打至硬性發泡。將湯匙放入裝有大星形尖端的糕點袋中。在小蛋糕上擠上生奶油裝飾。用新鮮覆盆子裝飾。

56. 蘇格蘭威士忌三杯

份量：12 份

原料：

- 2⅔ 杯 一半一半
- 6 蛋黃
- 3/4 杯深紅糖，包裝
- 3湯匙通用麵粉
- 1½ 茶匙香草精
- 1 杯 鮮奶油，冷藏
- 2湯匙鮮奶油，冷藏
- 1¼ 茶匙即溶濃縮咖啡粉
- 3湯匙蘇格蘭威士忌
- 1 磅冷凍磅蛋糕，切成方塊
- 6湯匙蘇格蘭威士忌
- 1 杯 覆盆子果醬
- 1品脫新鮮覆盆子
- 2 根香蕉，去皮，縱向切成兩半，切片
- 2 杯 鮮奶油，冷藏
- 3大匙糖
- 3湯匙蘇格蘭威士忌
- ½ 品脫 新鮮覆盆子
- 半甜巧克力捲曲或磨碎

指示：

對於蛋奶凍：

a) 在一個中等大小的平底鍋中煮一半。

b) 在雙層蒸鍋上攪拌蛋黃、糖和麵粉，直到變得光滑。

c) 逐漸攪拌熱的一半。置於沸水中，攪拌約 6 分鐘，直到蛋奶凍變得非常濃稠，從湯匙中落下時會形成小堆。

d) 將雙鍋放在冰上並冷卻蛋奶凍，偶爾攪拌。加入香草精混合。

e) 將鮮奶油和濃縮咖啡粉放入大碗中，攪拌至粉末溶解。擊敗堅挺的山峰。加入蘇格蘭威士忌並攪拌至變硬。

f) 將奶油混合物分兩次加入冷蛋奶凍中。

為了小事：

g) 將一半磅蛋糕塊放入 3 誇脫的小碗或玻璃碗中。撒上 3 湯匙蘇格蘭威士忌並攪拌。將果醬放入小平底鍋中加熱，直到可以倒出。

h) 將一半果醬舀到蛋糕上並塗抹。上面放上一半的奶凍。

i) 上面放 ½ 個覆盆子，確保碗的兩側露出一些漿果。

j) 上面放上一半香蕉。將剩餘的磅蛋糕塊放入另一個碗中。

k) 撒上 3 湯匙蘇格蘭威士忌並攪拌。

l) 上面鋪上水果。用湯匙舀出剩餘的果醬並鋪開。上面放上剩餘的蛋奶凍，然後放上另一半覆盆子和香蕉。

m) 蓋上蓋子並冷藏至少 3 小時直至凝固。

n) 將奶油和糖放入大碗中，攪打至硬性發泡。加入 3 湯匙蘇格蘭威士忌，打至硬性發泡。將奶油堆在鬆糕上。

o) 用新鮮覆盆子和巧克力裝飾。

57. 漿果傻瓜

份量：6 份

原料：

- 12 盎司包覆盆子
- 1/4 杯加 1 湯匙糖，分開
- 1 杯 濃奶油

指示：

58. 在攪拌機或食物處理機中，將覆盆子或草莓與 ¼ 杯糖混合。加工直至漿果變成泥，必要時刮掉側面。

59. 在一個大碗中，用攪拌機攪拌濃奶油，直到形成軟峰。加入剩餘的 1 湯匙糖，繼續攪打至硬性發泡。

60. 使用橡膠抹刀輕輕拌入覆盆子泥，留下一些白色的鮮奶油條紋。用湯匙舀入四個單獨的凍糕杯中。冷藏2小時即可食用。

58. 覆盆子漩渦凍糕

份量：6份

原料：
- 3個大雞蛋
- 2½ 大匙 糖
- 2½ 大匙 蜂蜜
- 3/4 杯冷藏濃奶油
- ½ 杯核桃，輕輕烘烤，冷卻並切碎
- 6 巧克力捲髮，如果需要的話
- 兩包 10 盎司。冷凍覆盆子淡糖漿，解凍
- 新鮮覆盆子（如果可用於裝飾）

a) 在食物處理機中，將解凍的覆盆子泥與糖漿一起，用力將混合物通過細篩放入重鍋中，用力按壓固體，然後煮沸覆盆子泥，偶爾攪拌，直到減少到約1 杯。讓它冷卻。

b) 在一個金屬碗中，將雞蛋、糖和蜂蜜攪拌在一起，將碗放在裝有沸水的平底鍋上，攪拌混合物直至顏色變淺、變稠，並在糖果溫度計上顯示 160 華氏度。

c) 將混合物放在一大碗冰和冷水上攪拌直至變冷，在另一個碗中攪拌奶油直至其形成硬峰，然後將奶油和核桃輕輕但徹底地拌入雞蛋混合物中。

d) 將覆盆子泥和雞蛋混合物裝飾性地舀入 6 盎司的玻璃杯中，用木串旋轉，然後將凍糕冷凍過夜，蓋上蓋子。

e) 凍糕可以提前 2 天製作並蓋好並冷凍。食用前將凍糕靜置 15 分鐘。

f) 將巧克力捲和新鮮覆盆子裝飾在凍糕上。

59. 香蕉木瓜傻瓜

份量：8 份

原料：

2根熟香蕉；去皮並切成1/2英寸的丁

木瓜1個；去皮，切半，去籽，切成 1/2 英吋的丁

1大匙黑蘭姆酒

2 大匙 加 1/4 杯白砂糖

1 杯 濃奶油

½ 品脫 覆盆子

½ 杯 烤椰子

在一個中等大小的碗中，混合香蕉、木瓜、蘭姆酒和 2 湯匙糖。將一半的混合物放入裝有金屬刀片的食物處理機中打成泥狀；將果泥放回碗中，與剩餘的水果丁混合。將鮮奶油打發至軟性發泡；在奶油中加入 ¼ 杯糖，每次一湯匙，繼續打發至硬峰。將水果混合物拌入生奶油中，直到完全混合。盛入單獨的碗或高腳杯或大縫紉碗中。用覆盆子和烤椰子裝飾。

60. 覆盆子傻瓜

份量：2 份

原料：

2 杯 覆盆子泥，加糖

去嚐嚐

1湯匙櫻桃酒或蘭姆酒

1 杯 濃奶油，攪打

將水果和櫻桃酒混合，拌入生奶油中。好好放鬆一下。

其他漿果或水果可以代替覆盆子。

61. 香蕉捲餅

份量：1 份

原料：
1 個 6 吋玉米餅
1大匙奶油花生醬
2 茶匙 覆盆子醬
1 茶匙 椰絲
½ 根中等大小的香蕉

a) 將玉米餅放在平坦的表面上；均勻塗上花生醬和覆盆子醬。
b) 如果需要的話，撒上椰子。 2.將香蕉放在玉米餅邊緣；捲起來封裝起來。用紙巾鬆鬆地包裹起來。
c) 微波爐高火 35 秒。

62. 紅覆盆子冰淇淋

品牌：1 誇脫

原料：

- 5品脫覆盆子
- 1⅓ 杯糖
- 1 杯 玉米糖漿
- ½ 杯伏特加

指示：

a) 將覆盆子放入食品加工機中打成泥，直到變得光滑。透過篩子壓出種子。

b) 烹調 將覆盆子泥、糖和玉米糖漿放入 4 誇脫的平底鍋中，用中高火煮沸，攪拌以溶解糖。從火上移開，轉移到一個中等大小的碗中，然後冷卻。

c) 冷藏 將冰淇淋底放入冰箱冷藏至少 2 小時。

d) 冷凍 將冰淇淋底從冰箱取出，加入伏特加。從冰箱中取出冷凍罐，組裝冰淇淋機，然後將其打開。將冰糕底倒入罐中並旋轉，直到達到非常柔軟的攪打奶油的稠度。

e) 將冰糕裝入儲存容器中。將一張羊皮紙直接壓在表面上，並用密封蓋密封。

f) 放入冰箱最冷的部分冷凍至少 4 小時直至變硬。

63. 馬斯卡彭波巴茶

份量：4 - 6 份

原料：
- ½ 杯木薯珍珠任您選擇
- 2 大匙 蜂蜜
- ⅓杯加拿大馬斯卡彭乾酪
- 1 ½ 杯綠茶或紅茶，浸泡並冷藏
- 2杯蔓越莓汁或覆盆子汁
- 1杯加拿大牛奶

指示：

a) 依照包裝說明在水中煮木薯，或直至變軟。

b) 用冷水沖洗，瀝乾，備用。

c) 在一個大碗中，用攪拌器混合蜂蜜和馬斯卡彭起司。逐漸加入茶、果汁和牛奶。

d) 將木薯珍珠和一些冰塊分裝在高玻璃杯中，並加入馬斯卡彭混合物。

64. 抹茶、瑪卡、亞麻籽和芝麻醬冰沙

品牌： 1 個玻璃杯

原料：

- ½ 杯植物奶
- 1根大香蕉
- ½ 杯冷凍藍莓
- ½ 杯新鮮覆盆子
- 1 滿茶匙抹茶粉
- 1 滿茶匙磨碎的亞麻籽
- 1 滿茶匙瑪咖
- 1 滿茶匙芝麻醬
- 每份一把煮熟的木薯珍珠

指示：

a) 將所有食材一起放入罐中進行混合。

b) 攪拌至呈奶油狀冰沙。

c) 在每個玻璃杯中加入一把木薯珍珠，然後在上面加入混合物。

d) 撒上一點額外的亞麻粉或新鮮漿果。

e) 最好立即送達。

65. 生漿果片

品牌： 6-8

原料：

- 30 盎司混合莓果（草莓、藍莓、覆盆子）
- 2杯生核桃或生山核桃
- 1/4 杯未煮過的燕麥片
- 2大匙楓糖漿
- 1/4 茶匙 洋蔥粉

說明：：

a) 在一個大碗中，將切片草莓和其他洗淨的漿果混合。

b) 在食品加工機中準備配料，攪拌所有成分直至混合。

c) 在一個 1.4 公升的砂鍋中，加入大部分莓果混合物，留下大約幾湯匙。塗抹均勻。

d) 現在將大部分食材倒在莓果上，保留幾湯匙。

e) 現在將剩餘的漿果撒在上面，最後撒上其餘的食材。

f) 立即食用或冷藏 1 小時。

66. 蛋塔

可製作約 6 個餡餅

1 份食譜基本派皮，用杏仁粉製成

2 種食譜 鮮腰果奶油

您最喜歡的小水果可用於裝飾每個餡餅，例如 1 個黑莓、3 個藍莓、1 個覆盆子或可可粒

首先在派或多層奶油蛋捲平底鍋的隔間裡鋪上保鮮膜，然後將派皮牢牢地壓入平底鍋中。輕輕提起保鮮膜，將其取出。

接下來，將生奶油舀入每個派中。在每個餡餅上裝飾一種水果或可可粒。

立即食用，或存放在冰箱中。

可在冰箱中保存 2 或 3 天。

67. 覆盆子檸檬夢

製作 1 個蛋糕

1 份配方基本無麵粉蛋糕粉，用您最喜歡的堅果製成

½ 配方基本水果醬，檸檬製成

1½ 杯 覆盆子

將蛋糕粉分成兩等份。用手捏成兩個圓形蛋糕。或者，先在小蛋糕盤上鋪上保鮮膜，然後將一部分麵團壓入其中以形成形狀。將成型的蛋糕從鍋中翻出，然後剝掉塑膠膜。對第二部分麵團重複上述步驟。

將第一輪放在盤子上，上面放上檸檬果醬和一杯覆盆子。上面放上第二塊蛋糕和剩餘的覆盆子。

可在冰箱中保存 3 至 4 天。

68. 莓果蜜餞

製作 1½ 杯

蜜餞是糖漿中的水果。我用紅酒搭配新鮮水果，用龍舌蘭糖漿增添甜味。

2 杯 覆盆子

¼ 杯 紅酒

2大匙龍舌蘭糖漿

1大匙檸檬皮碎（可選）

將所有原料放入食物處理機中。輕輕脈衝混合。

69. 覆盆子香蕉奇亞籽

成分：：

- 1 1/2 杯冷凍覆盆子
- 1 根大香蕉，切片
- 1 大匙 奇亞籽

指示：

a) 與 1/2 至 1 杯液體混合。

b) 享受

70. 草莓和棉花糖雞尾酒

品牌：4

原料：

- 8個白色棉花糖
- 4 覆盆子
- 1L 草莓冰淇淋
- ½ 杯奶油利口酒，冷藏
- ⅓ 杯伏特加，冷藏
- 125克覆盆子，額外的
- 1茶匙香草豆沙

指示：

a) 將烤架預熱至中火。在烤盤上鋪上鋁箔紙。將棉花糖和覆盆子串到小竹串。用箔紙覆蓋串肉串的暴露端。放在有襯裡的托盤上。

b) 在烤架下煮 1-2 分鐘或直至棉花糖輕微烤熟。

c) 將冰淇淋、利口酒、伏特加、額外的覆盆子和香草放入攪拌機中，攪拌至光滑細膩。均勻地倒入玻璃杯中。

d) 上面放上棉花糖串，立即上桌。

71. 奶油覆盆子火鍋

份量：6 份

原料：
- 4盎司鮮奶油乳酪； 1 包
- 20 盎司冷凍覆盆子；解凍， （2 包 10 盎司）
- ¼ 杯 玉米澱粉
- 2大匙糖
- ¼ 杯白蘭地

路線

a) 讓奶油乾酪達到室溫。在平底鍋中， 稍微碾碎覆盆子。

b) 將玉米澱粉和 ½ 杯水混合在一起， 然後添加到漿果中。煮並攪拌直至變稠並起泡。過篩並丟棄種子。倒入火鍋鍋中並放在爐子上。

c) 加入奶油乾酪， 攪拌至融化。加入糖攪拌， 逐漸加入白蘭地。用火鍋叉叉出水果或蛋糕塊，然後浸入其中。

72. 覆盆子火鍋

份量：4 份

原料：

- 1磅覆盆子；如果冷凍則解凍
- 4 茶匙 玉米粉（玉米澱粉）
- 1¼ 杯 單一（淡）奶油
- ⅓ 杯 糖粉（糖果工廠的）
- 3湯匙弗蘭博茲；如果需要的話
- 2個蛋清
- ⅔ 杯 糖粉（糖果工廠的）

路線

a) 透過篩子擦覆盆子並丟棄種子。製作蛋白霜時，將果泥放在一側。

b) 為了快速製作蛋白霜，請將烤箱預熱至 320F。在烤盤上鋪上不沾紙。

c) 將蛋白和糖粉放入盛有熱水的碗中，用電動攪拌器攪拌至混合物變硬並呈峰狀。

d) 將混合物放入裝有 1 公分星形噴嘴的裱花袋中，並將小塊擠到有襯裡的烤盤上。在烤箱中烘烤 10-15 分鐘，直到外部酥脆。從紙上取下之前先讓其冷卻。

e) 在平底鍋中，將玉米粉與少許奶油攪拌均勻。

f) 攪拌剩餘部分，加入糖和覆盆子泥。用小火煮至光滑變稠。如有需要，可拌入弗蘭博茲，然後倒入火鍋鍋中，與小蛋白霜一起食用。熱食或冷食。

73. 烤桃梅爾巴

份量：4 份

原料：

- 1 杯 新鮮覆盆子
- 2杯水
- 1 個熟桃子
- 1½ 杯糖
- 2 球純素香草冰淇淋
- 1 大匙 烤杏仁片
- 2大匙加1茶匙檸檬汁

指示：

a) 在平底鍋中用大火將水煮沸，然後加入桃子。

b) 30秒後，調小火，舀出桃子。

c) 將 1 杯糖和 2 湯匙檸檬汁加入熱水中，攪拌使糖溶解。

d) 將桃子去皮、去皮，在沸水中再煮8分鐘。將桃子瀝乾，去核，切片。放在一邊。

e) 將覆盆子和剩餘的糖放入小平底鍋中，以中火加熱。用湯匙背壓碎漿果並旋轉以溶解糖。

f) 將漿果透過細篩壓入盤子中。與剩餘的 1 茶匙檸檬汁混合。

g) 將純素冰淇淋舀入透明的甜點碗中，並用桃子片裝飾。

h) 淋上覆盆子醬和少量杏仁即可食用。

74. 檸檬奶油薄餅配覆盆子醬

份量：4 份

原料

1 份用覆盆子製成的新鮮果醬

¼ 杯龍舌蘭糖漿

2 種蘋果薄餅食譜

2 種檸檬奶油食譜

½ 杯新鮮覆盆子

指示

製作醬汁時，請按照覆盆子新鮮果醬的說明進行操作。加入龍舌蘭糖漿並加工。

將每個蘋果薄餅包裝紙切成兩半，這樣就有四塊了。在四個盤子上各放一張薄餅。將 ½ 杯檸檬奶油塗在每個薄餅的中心，並撒上 2 湯匙覆盆子。捲起。

食用前，在上面撒上果醬和新鮮覆盆子。

75. 小荳蔻和血橙奶凍

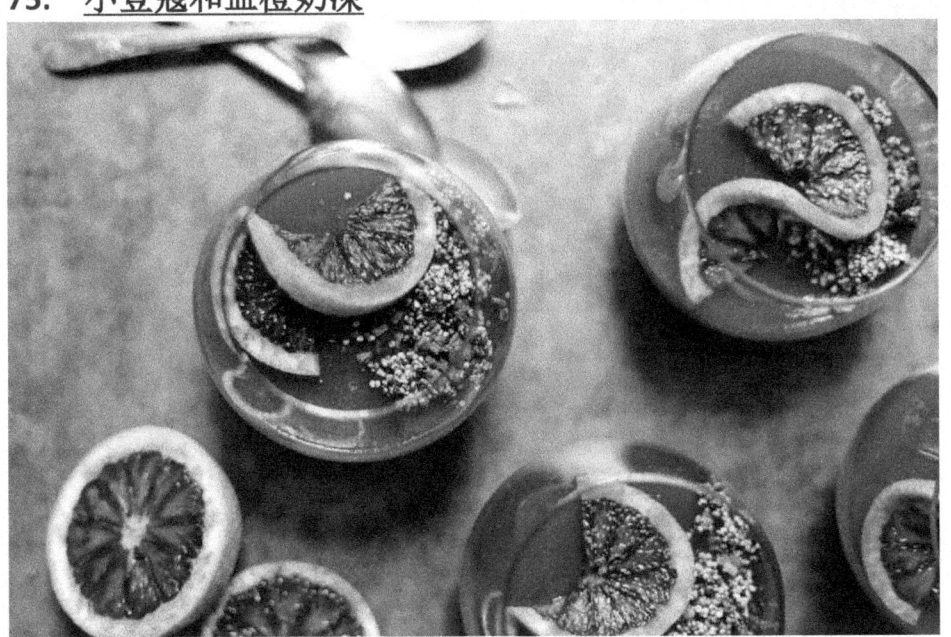

原料：

血橙和荳蔻奶凍：

- 1 1/2 杯 杏仁奶
- 1/2 杯 椰子奶油
- 1/2 杯 鮮榨血柳橙汁
- 1 包明膠
- 1/4 杯 有機蔗糖
- 2 大匙 蜂蜜
- 1茶匙小荳蔻粉
- 1茶匙香草豆醬或1茶匙香草豆萃取物

血橙果凍：

- 1 1/2 杯 + 1/2 杯血橙汁，分開
- 2 包明膠
- 1 茶匙 血橙皮碎
- 1/3 杯 有機蔗糖
- 1/4 茶匙 鹽

烤藜麥碎：

- 1/2 杯藜麥
- 3 大匙 楓糖漿或蜂蜜
- 1 大匙 椰子油
- 1/4 茶匙 鹽
- 1/4 茶匙 小荳蔻粉
- 2 大匙 冷凍乾燥覆盆子
- 2 大匙 烤開心果，粗略切碎

裝飾：

● 2片血橙片切成兩半

指示

血橙和荳蔻奶凍：

a) 在小平底鍋中，將吉利丁撒在 1 杯室溫杏仁奶上。靜置 1 分鐘使其軟化。以小火加熱明膠混合物，直到明膠溶解，然後將鍋子從火上移開。

b) 在一個大平底鍋中，將剩餘的杏仁奶、椰子奶油、血橙汁、蜂蜜、糖、小荳蔻粉、鹽、香草豆萃取物放在一起，用中火攪拌至沸騰。煮沸後將鍋子從火上移開，加入明膠混合物攪拌。使它冷卻。

c) 將混合物均分到 4 個酒杯中，放入冰箱冷藏 4 小時或過夜。

血橙果凍：

d) 加熱 1 1/2 杯血橙汁。將 2 個明膠袋與 1/2 杯血橙汁混合，並與溫熱的果汁混合。加入糖和皮碎，攪拌至混合且糖溶解。

e) 將其輕輕均勻地倒入 4 個玻璃杯中，然後放入冰箱中。

烤藜麥碎：

f) 烤箱預熱至350度。

g) 將覆盆子以外的所有原料放入小碗中，然後輕輕地鋪在小烤盤上。在烤箱中烘烤約 20 分鐘。使它冷卻。將其分解成碎片。

集會：

h) 將約 1-2 茶匙烤藜麥碎放入每個玻璃杯中。將一些冷凍乾燥覆盆子和一些切碎的開心果放在上面。

i) 在每個整齊組裝的奶凍上添加半片血橙。奶凍就可以上桌吃了！

76. 覆盆子堅果風車

份量：36 份

原料：

- 2 杯 未過篩的通用麵粉
- 1茶匙發酵粉
- ½ 杯（1 支）奶油或人造奶油，軟化
- 1 杯 糖
- 1 顆雞蛋
- 1 茶匙 香草
- ¼ 杯 無籽覆盆子果醬
- 1 杯 切碎的核桃

指示：

a) 將麵粉和發酵粉一起篩入蠟紙中。

b) 將奶油、糖和雞蛋放入大碗中，用電動攪拌機攪拌至蓬鬆。拌入香草精。

c) 逐漸加入麵粉混合物，攪拌至充分混合。

d) 將麵團放在兩張蠟紙之間，擀成 12x10 英吋的長方形。

e) 取下頂部的蠟紙。將果醬均勻地塗在麵團的整個表面上。均勻地撒上堅果。

f) 將麵團從長邊牢固地捲起來，形成果凍捲的形狀，捲時除去蠟紙。用蠟紙包裹捲並冷藏幾個小時或過夜。

g) 準備製作餅乾時，將烤箱預熱至375度。

h) 用鋒利的薄刀將捲切成 1/4 英吋厚的片。

i) 將切片轉移到未抹油的烤盤上，間隔 2 英吋。

j) 預熱375度烘烤。烤箱烤 9 分鐘或直至邊緣呈金黃色。放在金屬架上冷卻。

77. 覆盆子雞肉捲

份量：2 份

原料：

- 4 杯沙拉蔬菜和胡蘿蔔絲
- 2 杯切碎的煮熟的雞肉
- 無脂覆盆子醋汁，品嚐
- 芝麻 適量
- 2個8吋玉米餅

指示：

a) 將沙拉、雞肉、油醋汁和芝麻放入中等大小的碗中。

b) 將混合物分成玉米餅。將玉米餅的左右兩側折疊在雞肉混合物上，大約 2 英吋。

c) 緊緊地捲起來，並用兩根牙籤（一邊一根）固定。

d) 把麵包捲切成兩半，然後上桌。

78. 花生醬燕麥片

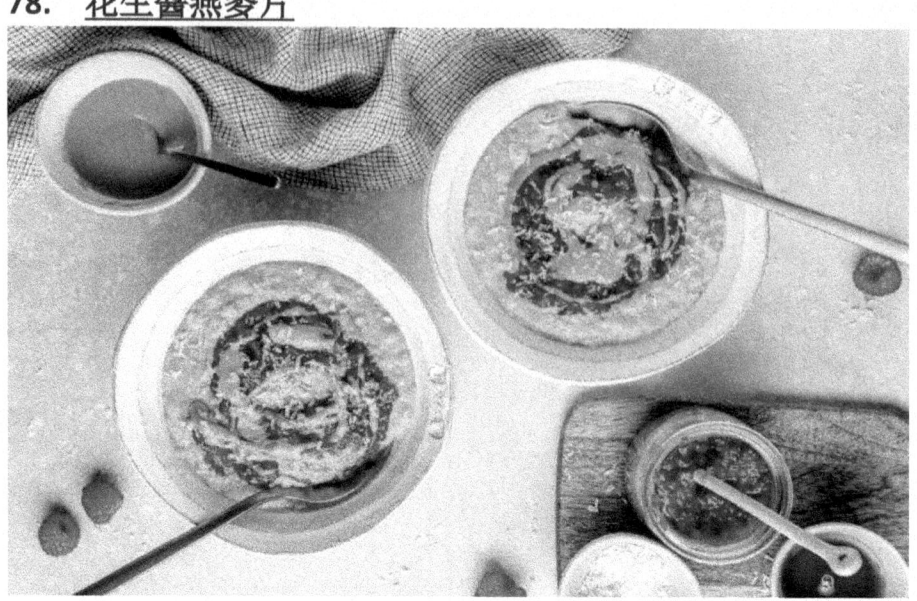

原料：

- ½ 杯老式燕麥片
- 一小撮粗鹽
- 2大匙覆盆子
- 2大匙藍莓
- 1大匙切碎的杏仁
- ½ 茶匙奇亞籽
- 1 根香蕉，切成薄片
- 2茶匙花生醬，加熱

指示：

a)　將 1 杯水、燕麥和鹽放入小平底鍋中混合。用中火煮約 5 分鐘，偶爾攪拌，直到燕麥變軟。

b)　將燕麥片添加到備餐容器中。上面放上覆盆子、藍莓、杏仁、奇亞籽和香蕉，淋上溫熱的花生醬。蓋上蓋子放在冰箱內可保存3到4天。

c)　燕麥片可以冷食或重新加熱。在微波爐中每隔 30 秒重新加熱一次，直到熱透。

79. 浪漫沙拉

原料：

- 4 杯嬰兒蔬菜沙拉
- 1 根胡蘿蔔，去皮切片
- 2 青蔥，切碎
- 6 顆草莓，去殼並切片
- 12 新鮮覆盆子
- 1 茶匙 蒜末
- ¼ 杯 核桃碎
- ¼ 杯調味杏仁片
- ¼ 杯 乾醋栗
- ¼ 杯 碎羊乳酪
- ½ 杯調味油煎麵包塊
- ½ 杯香草油醋醬沙拉醬，或依口味

路線：

a) 在一個大碗中，將沙拉蔬菜、胡蘿蔔、青蔥、草莓、覆盆子、大蒜、核桃、杏仁片、醋栗和羊乳酪攪拌在一起。

b) 分成兩個沙拉碗。在每個碗上放一些油炸麵包塊，並搭配油醋汁。

80. 綜合綠色春季沙拉

原料：

- 2 盎司。混合果嶺
- 3湯匙松子，烤的
- 2大匙5 分鐘覆盆子油醋汁
- 2湯匙帕瑪森起司刨絲
- 2 片培根
- 鹽和胡椒調味

路線：

a) 將培根煮至非常脆。

b) 量出蔬菜的量，放入可搖晃的容器中。

c) 將培根弄碎，然後將其餘成分添加到蔬菜中。蓋上蓋子搖晃
容器，使調味料和內容物均勻分佈。

d) 服務並享受！

81. 桃子梅爾巴甜點

原料：

● 2c 桃子;切片，去皮

● 2c 山莓

● 3/4℃ 糖

● 2 大匙 水

● 冰淇淋;香草

路線：

a) 在平底鍋中，將桃子、覆盆子、糖和水煮沸。

b) 減少熱量並煮 5 分鐘。

c) 如果需要的話，冷卻一下。

d) 與冰淇淋一起食用。

82. 免烤覆盆子檸檬芝士蛋糕

品牌： 6

成分：

外殼：

- 1 ½ 格雷厄姆麵包屑
- 4 大匙 融化的奶油

檸檬起司蛋糕餡料：

- 16 盎司 奶油乾酪，室溫
- ½ 杯酸奶油
- 1大匙牛奶
- 1茶匙香草精
- 1 杯有益健康的有機糖粉
- 檸檬皮碎
- 1 大匙 檸檬汁

組裝

- 1 杯 覆盆子醬
- 鮮奶油
- 檸檬角
- 山莓

指示：

製作外殼：

a) 在碗中加入全麥麵包屑和融化的奶油。混合好，放在一旁。

製作檸檬起司蛋糕餡料：

b)　　在碗中加入奶油乾酪、酸奶油、牛奶和香草精。用手持式攪拌機高速攪拌至光滑。加入糖粉、檸檬皮碎和檸檬汁，再次混合。刮掉碗，然後放入裱花袋中。

組裝：

c) 在 4 盎司玻璃罐中，加入 2-3 湯匙全麥麵包皮混合物並壓實。然後，倒入起司蛋糕混合物。搖晃罐子，使起司蛋糕混合物變平。

d) 加入一匙覆盆子醬，上面撒上生奶油、檸檬片和覆盆子。

83. 免烤三莓果起司蛋糕

份量：12份

原料：

a) 1-½ 杯全麥餅乾屑

b) ⅓杯包裝紅糖

c) ½ 茶匙肉桂粉

d) ½ 杯奶油，融化

填充：

e) 兩包 8 盎司的奶油乾酪，軟化

f) ⅓杯糖

g) 2茶匙檸檬汁

h) 2杯濃奶油

配料：

i) 2 杯新鮮草莓片

j) 1 杯新鮮藍莓

k) 1 杯 新鮮覆盆子

l) 2大匙糖

指示：

a) 在一個小碗中，混合餅乾屑、紅糖和肉桂；加入奶油攪拌。

b) 壓在未抹油的 9 吋彈簧盤的底部。冷藏30分鐘。

c) 在一個大碗中，將奶油乾酪、糖和檸檬汁攪拌至光滑。逐漸加入奶油；攪拌至形成堅硬的峰。轉移到準備好的外殼上。冷藏，蓋上蓋子，過夜。

d) 在碗中，將莓果與糖輕輕攪拌。靜置 15-30 分鐘，直到莓果中流出汁液。

e) 用刀將起司蛋糕的一面從鍋子上鬆開；拆下邊緣。將起司蛋糕與配料一起食用。

84. 免烘烤純素莓果起司蛋糕

品牌： 6

原料：

- 四包 8 盎司純素奶油乳酪
- 0. 5盎司瓊脂+ 1 杯熱水
- 3 盎司純素檸檬果凍 + 1 杯熱水
- ¼ 杯糖粉
- 晶圓
- 新鮮草莓或覆盆子
- 兩盒 3 盎司純素草莓果凍盒

指示：

a) 在一杯熱水中溶解 2 包瓊脂和 1 杯檸檬果凍。

b) 起司準備好後，攪拌約 2 分鐘，或直至蓬鬆。

c) 瓊脂 瓊脂和果凍應一次添加一點。

d) 混合直至所有腫塊消失。加入糖，繼續攪拌，直到一切都充分混合。

e) 將香草薄餅放在彈簧模的底部。將奶油乾酪混合物倒入鍋中。冷藏至少2小時。

f) 用一半的水製作草莓果凍。

g) 冷卻幾分鐘。

h) 將草莓放在已凝固的起司混合物上。冷藏至果凍變硬，然後倒在草莓上。

85. 免烤覆盆子起司蛋糕松露

品牌：10

原料：

- 2 大匙 濃奶油
- 8 盎司奶油乳酪，軟化
- ½ 杯粉末轉向
- 一小撮海鹽
- 1 茶匙香草甜菊
- 1 ½ 茶匙覆盆子萃取物
- 2-3 滴天然紅色食用色素
- ¼ 杯 融化的椰子油
- 1 ½ 杯巧克力片，無糖

指示：

a)　首先，使用攪拌機將轉向和奶油乾酪徹底混合直至呈奶油狀。

b)　將奶油、覆盆子萃取、甜菊、鹽和食用色素放入大攪拌碗中。

c)　確保一切都完美結合。

d)　加入椰子油並高速攪拌，直到所有物質完全混合。

e)　不要忘記根據需要經常刮擦碗的側面。將其放在冰箱中一小時。將麵糊倒入直徑約 1/4 英吋的餅乾湯匙中，然後倒在鋪有羊皮紙的烤盤上。

f) 　　將混合物冷凍一小時，然後塗上融化的巧克力即可完成！食用前應放入冰箱再放置一小時使其變硬。

86. 免烤綜合莓果柚子起司蛋糕

品牌： 6

原料

脆皮：

- 1 ½ 格雷厄姆麵包屑
- 4湯匙融化的奶油

檸檬起司蛋糕餡料：

- 16 盎司 奶油乾酪，室溫
- ½ 杯酸奶油
- 1 大匙 牛奶
- 1茶匙香草精
- 1 杯有益健康的有機糖粉
- 柚子皮
- 1 大匙 柚子汁

樹莓醬

- 2 湯匙有益健康的有機蔗糖
- 1大匙柚子汁
- 1 杯混合漿果
- 食材：生奶油、新鮮檸檬角和覆盆子

指示：

製作外殼：

a) 在碗中加入全麥麵包屑和融化的奶油。混合好，放在一旁。

製作檸檬起司蛋糕餡料：

b) 在碗中加入奶油乾酪、酸奶油、牛奶和香草精。

c) 用手持式攪拌機高速攪拌至光滑。

d) 加入糖粉、柚子皮碎和柚子汁，再次混合。

e) 刮掉碗，然後放入裱花袋中。

製作覆盆子醬：

f) 在一個中等大小的平底鍋中，加入糖、柚子汁和新鮮覆盆子。

g) 混合並用中火煮，直到覆盆子釋放出汁液並且醬汁變稠。

h) 從火上移開並讓它完全冷卻。

組裝：

i) 在 4 盎司玻璃罐中，加入 2-3 湯匙全麥麵包皮混合物並壓實。

j) 然後，倒入起司蛋糕混合物。

k) 搖晃罐子，使起司蛋糕混合物變平。

l) 加入一匙覆盆子醬，上面撒上生奶油、檸檬片和覆盆子。享受！

87. 覆盆子起司蛋糕松露

品牌：10

原料：

- 2 大匙 濃奶油
- 8 盎司奶油乳酪，軟化
- ½ 杯粉末轉向
- 一小撮海鹽
- 1 茶匙香草甜菊
- 1 ½ 茶匙覆盆子萃取物
- 2-3 滴天然紅色食用色素
- ¼ 杯 融化的椰子油
- 1 ½ 杯巧克力片，無糖

指示：

a) 首先，使用攪拌機將轉向和奶油乾酪徹底混合直至呈奶油狀。

b) 將奶油、覆盆子萃取、甜菊、鹽和食用色素放入大攪拌碗中。

c) 確保一切都完美結合。

d) 加入椰子油並高速攪拌，直到所有物質完全混合。

e) 不要忘記根據需要經常刮擦碗的側面。將其放在冰箱中一小時。將麵糊倒入直徑約 1/4 英吋的餅乾湯匙中，然後倒在鋪有羊皮紙的烤盤上。

f) 將混合物冷凍一小時，然後塗上融化的巧克力即可完成！食用前應放入冰箱再放置一小時使其變硬。

88. 覆盆子、梨子和生薑康普茶

品牌： 1 加侖

原料：

- 2 梨，去核
- 1吋薑塊，去皮
- 1 杯 覆盆子
- 14 杯綠茶康普茶

指示：

a) 將每個梨子切成 8 塊。

b) 將薑切成足夠的條，每瓶可容納 1 個。

c) 每 16 盎司瓶中添加 2 個梨塊、1 片薑片和 3 或 4 個覆盆子。確保梨楔能夠輕鬆放入瓶中，這樣當需要清潔瓶子時，它們就會很容易地出來。如果楔子太寬，請將其縱向切片。

d) 使用漏斗，將康普茶裝滿瓶子，在每個瓶頸處留下 1 英寸的頂部空間。蓋緊每個瓶子。

e) 將瓶子放在溫暖的地方（約 72°F）發酵 48 小時。

f) 將 1 瓶冷藏 6 小時，直到完全冷卻。打開瓶子，品嚐康普茶。如果起泡效果令您滿意，請將所有瓶子冷藏並在冷卻後飲用。一旦達到您想要的泡騰度和甜味，請將所有瓶子冷藏以停止發酵。

g) 食用前過濾。

89. 覆盆子果醬椰子塔

品牌：24

原料：

- 2個蛋
- ½ 杯糖
- ¼ 杯融化的奶油
- 1茶匙香草精
- 1 ¼ 杯不加糖的椰絲
- 覆盆子果醬
- 24 個未烘烤的撻皮

指示：

a) 將烤箱預熱至 375F。

b) 打雞蛋。然後加入糖、融化的奶油、香草精和椰子。

c) 將未烘烤的塔皮放入罐中， 放在烤盤上。

d) 在每個貝殼的底部放一點覆盆子果醬。

e) 用椰子餡填充約 3/4 滿。

f) 烘烤約 20 至 25 分鐘， 直到頂部呈現淺金黃色。冷卻後，從罐中取出。

90. 覆盆子桃子派

品牌：8

原料：
- 1 ⁄4 杯杏仁粉
- 1/3 杯起酥油
- ¼杯冷水
- ½ 茶匙鹽
- 填充
- 3杯新鮮覆盆子
- ¼杯玉米澱粉
- 4 個中等大小的桃子，去皮切片
- 1 1/3 杯 椰子糖
- 1/3 杯水
- 5茶匙檸檬汁

指示：
a) 將 1¼ 杯杏仁粉和 ½ 茶匙鹽放入大攪拌碗中。

b) 加入起酥油， 直到混合物看起來像粗麵包屑。加水並攪拌至混合物形成球狀。

c) 將派皮捲起來， 放入 9 吋的派盤中。

d) 轉移到餡餅盤上並修剪邊緣。在未刺孔的糕點片上鋪上雙層厚度的重型箔紙。

e) 在容器中裝滿乾豆、生米或餡餅重量。

f) 在烤箱中以 450 °F 烘烤 8 分鐘。

g) 除去箔紙後，再烘烤 5-7 分鐘或直至金黃色。

h) 將桃子、楓糖漿和檸檬汁放入大平底鍋中混合。

i) 將玉米澱粉和水攪拌至光滑。加入桃子混合物。

j) 煮沸並煮，不斷攪拌至少 1 分鐘或直至變稠。

k) 等待冷卻。拌入覆盆子，然後用湯匙舀入派皮中。

l) 冷藏至少 4 小時，最好過夜。冷藏所有剩菜。

91. 浸軟的夏季漿果

品牌：4

原料

- 1 磅混合夏季漿果（如藍莓、黑莓、草莓和/或覆盆子）
- 3大匙砂糖
- 1 大匙 糖粉
- ½ 茶匙粗鹽
- 1 顆檸檬皮碎
- 1大匙鮮榨檸檬汁
- 1茶匙苦杏酒或其他利口酒（可選）
- 6片大的新鮮羅勒葉，另加額外的裝飾用的
- 2 杯不加糖的生奶油（請參閱廚師小秘訣）

指示

a) 準備漿果。在漏勺或細網過濾器中，小批量地沖洗漿果，以免碰傷它們。將它們放在紙巾上晾乾。草莓去殼，如果很大的話就切成兩半。將所有莓果與顆粒糖、糖、鹽、檸檬皮、檸檬汁和杏仁酒混合在一個不起反應的碗中。用木匙或抹刀輕輕混合，然後蓋上保鮮膜並冷藏1小時。

b) 完成漿果。從冰箱中取出漿果。將 3/4 杯漿果轉移到一個小碗中，用叉子粗略地搗碎。將搗碎的漿果攪拌回整個漿果中，使其混合。將 6 片羅勒葉切成薄片，拌入莓果中。將漿果轉移到盤子中，並用額外的整片羅勒葉裝飾。與旁邊的生奶油一起食用。

92. 蔓越莓奶油

製作： 1 份

原料：

- 一個酪梨
- 1½ 杯 蔓越莓，浸泡
- 2茶匙檸檬汁
- ½ 杯 覆盆子，新鮮或冷凍

指示：

a) 混合酪梨、蔓越莓和檸檬汁。

b) 如果需要的話加水以獲得奶油狀的稠度。

c) 放入碗中，上面放上覆盆子。

93. 愛爾蘭苔蘚水果凝膠甜點

品牌：8

原料：

- 1把愛爾蘭苔蘚
- 1 枝薄荷或薄荷茶袋
- ½ 杯蘋果汁
- 1 檸檬 榨汁
- 1 個蘋果
- 1 個梨
- 1 杯混合漿果
- 楓糖漿或蜂蜜調味

指示：

a)　取一把苔蘚，將其浸泡在大鍋中的冷水中。幾分鐘後開始用手指摩擦苔蘚。

b)　用濾網沖洗幾次，然後再次用新水浸泡半小時，以覆蓋苔蘚。

c)　加入一小枝薄荷或薄荷茶袋，煮沸。轉小火煮半小時，偶爾攪拌。

d)　稍微冷卻後倒入大碗上的濾網。瀝乾並用橡皮刮刀刮掉過濾器底部的濃稠醬汁。丟棄剩餘的苔蘚。

e)　在果汁中加入 ½ 杯蘋果汁和一些楓糖漿或蜂蜜調味。倒入一個較小的碗中，加入切碎的水果：蘋果、梨子、藍莓和覆盆子。蓋上蓋子並冷藏過夜或直至凝固。

f) 您也可以用煮熟的水果製作甜點凝膠。製作凝膠時，將水果放在一個單獨的平底鍋中一起燉，然後添加肉桂、香草、切碎的堅果和甜味劑。

g) 如果你喜歡的話，可以用檸檬皮或橙皮或檸檬汁來提亮它。與凝膠混合，讓其全部冷卻。

h) 冷卻過夜，或直至凝固。與生奶油一起食用。

94. 巧克力覆盆子漩渦冰淇淋

品牌：8

原料：

- ½ 杯淡龍舌蘭花蜜
- 2 盎司無糖巧克力，切碎
- 3 杯 香草杏仁奶，分開
- ⅓ 杯可可粉
- 1 撮 鹽
- 1 杯包裝好的海苔，清洗並浸泡
- 1 罐（12 盎司罐）覆盆子蜜餞

指示：

a) 在一個小鍋中，用盡可能低的熱量加熱龍舌蘭花蜜和切碎的巧克力，並不斷攪拌直至巧克力融化。起鍋備用。

b) 在攪拌機中，混合 1 杯杏仁奶、可可粉、鹽和海苔。以最高速度攪拌 1 分鐘或直至完全光滑。

c) 將龍舌蘭/巧克力混合物加入攪拌機中，攪拌至光滑。將混合物倒入大碗中，加入剩餘的 2 杯杏仁奶，攪拌至混合。蓋上碗並冷藏幾個小時，或直至充分冷卻。

d) 根據製造商的說明在冰淇淋機中進行加工。從機器中取出冰淇淋並將其裝入冷凍容器中。

e) 將茶匙覆盆子蜜餞滴在冰淇淋上，然後將其推入冰淇淋中。

f) 冷凍幾個小時直至凝固。

95. 椰子藍螺旋藻覆盆子起司蛋糕

品牌： 6

原料：
脆皮
- 80 克 烤杏仁
- 20 克 燕麥片 磨碎
- 70克棗提前用水浸泡至少1小時

椰子和覆盆子層
- 150 克腰果，提前浸泡至少 4 小時
- 80 克椰子奶油 一罐全脂椰奶中的濃稠化奶油
- 3-4湯匙龍舌蘭
- 2-3大匙檸檬汁
- 2大匙椰子油
- 20 克 椰絲
- 15 克 乾覆盆子，切碎
- 100 克 新鮮覆盆子

藍色螺旋藻層
- 110 克腰果，提前浸泡至少 4 小時
- 50 克 椰子奶油 一罐全脂椰奶中的濃稠化奶油
- 3湯匙龍舌蘭
- 2大匙椰子油
- 2-3大匙檸檬汁
- 1-2茶匙藍色螺旋藻粉

指示：

脆皮

a) 在 12x10 公分義大利節慶糕點模具的底部鋪上烘焙紙。

b) 將杏仁燕麥片和瀝乾的棗子放入食物處理機中加工，直到混合物黏在一起。調整甜度。

c) 一旦它們全部混合併且混合物變得又好又粘，將其均勻地壓到準備好的模具底部。當你製作椰子覆盆子層時，將外殼放入冰箱。

椰子和覆盆子層

d) 瀝乾腰果並將其放入攪拌機中。加入椰子奶油、龍舌蘭、檸檬汁和椰子油，高速攪拌至混合物變成奶油狀。

e) 加入 20 克椰絲，再次攪拌，直到全部混合均勻。

f) 用抹刀輕輕拌入新鮮和乾的覆盆子。

g) 將餡料倒在餅皮上。當你製作藍色螺旋藻層時，將蛋糕放入冰箱。

藍色螺旋藻層

h) 高速攪拌腰果、椰子奶油、龍舌蘭、椰子油和檸檬汁，直到混合物變成奶油狀。

i) 加入藍色螺旋藻粉，再次攪拌，直到達到所需的顏色。

j) 小心地將混合物倒在第一層的頂部。

k) 將蛋糕放入冰箱冷藏至少 4-5 小時。

l) 食用前，在上面放上新鮮或冷凍漿果。

96. 螺旋藻和覆盆子朋友

品牌：4

原料：

- 95 克 無鹽奶油，切塊
- 135克蛋清
- 150克砂糖
- 100克杏仁粉
- 60克麵粉
- 12克螺旋藻粉
- 鹽少許
- 可選：新鮮/冷凍覆盆子

指示：

a) 用黃油徹底潤滑鬆餅罐，並在上面撒上少量麵粉。

b) 將奶油放入平底鍋中，以中低火加熱，煮至金黃色。

c) 等到金黃色的時候就關火，離火，否則很快就會從金黃色變成黑色。

d) 準備其餘成分時，使其冷卻至室溫。

e) 將糖、麵粉、杏仁粉、螺旋藻粉和鹽放入碗中。

f) 稍微攪拌乾燥成分。

g) 加入奶油並攪拌混合。

h) 慢慢加入蛋清，同時攪拌至混合。您不需要在蛋白中產生太多體積。我用手做這一切，因為你只需要麵糊混合在一起。

i) 將朋友麵糊舀入塗有油脂的鬆餅模具中。將覆盆子放入煎鍋的中心。在 190 度預熱的烤箱中烘烤約 15 分鐘，或直到其彈回觸感。

j) 脫模前讓它在鬆餅罐中稍微冷卻。食用前將它們放在金屬架上完全冷卻。

97.　芝麻海藻麵疙瘩中的鱸魚

製作： 1 份

原料：
- 4片新鮮鱸魚片
- 2 杯 通用麵粉
- 2 杯 牛奶
- 2個蛋
- ½ 片烤海苔
- ½ 大匙 芝麻，烤的
- ½ 杯 馬鈴薯泥
- 3/4 杯覆盆子醋
- 3顆檸檬草
- 2 顆 青蔥
- 1 茶匙 薑
- 2湯匙橄欖油
- 1 捏糖

指示：
a) 將麵粉、牛奶和雞蛋混合，直到形成黏稠的麵糊。

b) 將海苔壓碎，與芝麻混合，加入麵糊中。

c) 將麵糊通過過濾鍋孔推入沸騰的鹽水中。

d) 當水滴浮到頂部時，取出並瀝乾。

e) 將馬鈴薯泥鋪在每個魚片的一側，然後將麵疙瘩壓入馬鈴薯中。

f) 加熱塗了油的煎鍋，放入魚，面朝下。煮至金黃色，約 3 分鐘。

g) 翻轉並將煎鍋放入預熱的 400 度烤箱中，直到魚煮約 5 分鐘。

h) 淋上檸檬草醬。

98. 覆盆子生薑康普茶

品牌： 1 加侖

- 2 梨，去核
- 1吋薑塊，去皮
- 1 杯 覆盆子
- 14 杯綠茶康普茶

a) 將每個梨子切成 8 塊。

b) 將薑切成足夠的條，每瓶可容納 1 個。

c) 每 16 盎司瓶中添加 2 個梨塊、1 片薑片和 3 或 4 個覆盆子。確保梨楔能夠輕鬆放入瓶中，這樣當需要清潔瓶子時，它們就會很容易地出來。如果楔子太寬，請將其縱向切片。

d) 使用漏斗，將康普茶裝滿瓶子，在每個瓶頸處留下 1 英寸的頂部空間。蓋緊每個瓶子。

e) 將瓶子放在溫暖的地方（約 72°F）發酵 48 小時。

f) 將 1 瓶冷藏 6 小時，直到完全冷卻。打開瓶子（在水槽上方）並品嚐康普茶。如果起泡效果令您滿意，請將所有瓶子冷藏並在冷卻後飲用。如果還沒有，請將未開封的瓶子再放置一兩天，然後再試一次。一旦達到您想要的泡騰度和甜味，請將所有瓶子冷藏以停止發酵。

g) 食用前過濾。

99. 覆盆子碎條

原料：

1 1/2 杯 通用麵粉

1/2 杯 砂糖

1/2 茶匙發酵粉

1/2 茶匙鹽

1/2 杯 無鹽奶油，冷後切成小塊

1 顆大蛋，輕輕打散

1茶匙香草精

1 1/2 杯 新鮮覆盆子

2大匙玉米澱粉

2大匙砂糖

路線：

將烤箱預熱至 375°F，並在 8 吋方形烤盤上塗上油脂。

在一個大碗中，將麵粉、糖、泡打粉和鹽攪拌在一起。

使用糕點攪拌機或手指將黃油切入麵粉混合物中，直到混合物看起來像粗麵包屑。

在另一個碗中，將雞蛋和香草精攪拌在一起。將雞蛋混合物加入麵粉混合物中，攪拌至麵團混合在一起。

將2/3的麵團壓入準備好的烤盤底部。

在一個小碗中，將覆盆子、玉米澱粉和糖攪拌在一起。將覆盆子混合物塗在烤盤中的麵團上。

將剩餘的麵團弄碎，放在覆盆子混合物的頂部。

烘烤 35-40 分鐘或直至頂部呈金黃色。

待完全冷卻後再切成條狀。

100. 覆盆子香醋雞

原料：

4塊去骨去皮雞胸肉
1/2 杯 覆盆子蜜餞
2大匙香醋
1 大匙 狄戎芥末
1大匙醬油
鹽和胡椒
新鮮覆盆子和切碎的歐芹裝飾
路線：

將烤箱預熱至 375°F。
用鹽和胡椒調味雞胸肉。
在一個小平底鍋中，將覆盆子蜜餞、香醋、第戎芥末和醬油攪拌在一起。
將混合物以中火煮 3-4 分鐘，偶爾攪拌。
將雞胸肉放入烤盤中，然後將覆盆子釉倒在上面。
烘烤 25-30 分鐘，每 10 分鐘塗一次釉料，直到雞肉煮熟。
食用前用新鮮覆盆子和切碎的歐芹裝飾。

結論

無論您是覆盆子的長期粉絲，還是只是發現這種多功能水果的樂趣，這些覆盆子食譜一定會成為您食譜中的新寵。覆盆子顏色鮮豔、味道濃鬱且有益健康，是融入各種菜餚的完美食材。所以，下次當您想吃甜味或鹹味的東西時，就拿一些新鮮或冷凍的覆盆子，開始烹飪一些美味的東西吧！

Milton Keynes UK
Ingram Content Group UK Ltd.
UKHW020929181023
430840UK00013B/528